コールサック詩文庫 vol.17

青木善保

詩選集一四〇篇

コールサック社

コールサック詩文庫17

青木善保詩選集　一四〇篇・目次

第一詩集『風の季節』（二〇〇一年）より

第二詩集『天上の風』（二〇〇七年）より

第五詩集『風の沈黙』(二〇一六年刊)より

詩集未収録詩篇より

散 文

解 説

コールサック詩文庫17

青木善保詩選集　一四〇篇

第一詩集『風の季節』（二〇〇一年）より

ジレンマ

ほうほう　と
梟《ふくろう》が鳴いている

梢の火の玉が
モンスターの狂う木枯しに
いくつかの受着を残して砕けた
淋しい妥協の微笑が
晩秋の苦しみを負い切れずに
暗闇の世界へ消えて行く

古ぼけた時計の針が
脳髄をずたずたに噛み切って
一人の男を殺していた

また一人

あの七色の波紋を描き出す
空虚で複雑な響きが聞こえてくる

冬景色

あなたのイニシャルが
見える
切株の前に
私は
ひっそりと
あなたを呼ぶ

肥った男が
十九のあなたに求婚したと言う
あきらめに満ちた
この村のおきてだった

そして
私はもう一度
ぎゅっとおびえた青白い肩に
ひとにぎりの脂肪をおくる

青い顔

今の私は文句なしに
どこか巨大な力で青い顔に変色され
思わぬ大地のよどみに押し出される

病院の饐《す》えた世界
それは血なまぐさい社会機構《からくり》の
歯車を彩る鋭い牙だ
その主軸の指さす
柔らかな人の息吹を止め
取り残された青い顔の
夢を奪う白い人の群れだ

このレッテルゆえに
悲しみはさげすんだ笑いにかきたてられ
燃え上がる生傷のうずきは
歴史の流れに注ぎ込む

さわやかな晩秋の陽に
私は生きる確かさをはかる

ある遭難者の幻想

ジャンダルムをまじかにして
霧はふかい
乳色の霧

ケルンを見失った

虚無が流れる
じくじくしめってくる孤独

スリップ
激しい転倒
奈落の底
突然
傷だらけの体が
断崖の中途にうく
だれかがザイルでつっている

破滅寸前の世界
仕組まれたわな
逃避の壁

乳色の溝へ甘えた
叫びを試みる
吹き上げる谷風
空は暗い

サタンのささやき
~ザイルは脆い岩角にかかっている
落ちるぞ
何を安心しているか
落ちるぞ~

だれなんだ
ザイルをもっているのは
同志!　恋人!　親方《ボス》!

はずみをつけて
岩肌へとっかかる
しっとりしてにぶく緑がかった岩肌
あの素晴らしい
直線と曲線で
私を招いた岩肌
風を巻き起こし
霧をまき

目の前で黙って眠っている岩肌

逃避の壁
山の霧はふかい
奈落の底に渦巻く霧の中に
ハーケンを打つ
ハンマーの音が響く

大　地

上越の頂の雪が細り
鳥居川の　ゆきしろが消える
「きょうは　やるぞ」と
登校する生徒に
気忙しく足ばやの先生に
青雲庭のさわやかな空気が
思い思いの顔に挨拶をする
レンゲツツジの花が
朝露にぬれた芝生に呼びかける
澄んだ声が聞こえてくる

夏の日射しが青雲庭の石を焼き
松の葉先を黄色に変える
午後　運動練習のあと
芝生に腰をおろす生徒たち
煙草を燻《くゆ》らす先生が
少年少女ブロンズ像を見上げる
メタセコイヤの梢をゆるがす
一陣の風が　集まる人たちの
頬をなでていく
太古を誘う大気が流れる

秋祭りの夜　母に
青雲庭造園の苦労をきく男生徒
三年がかりで
生徒も親も先生も
モッコかつぎで早春に汗を流し

青雲の志に燃える若者の誕生を
願ったことを
満天の星のもと
黒々と地に伏す庭園に
透明な光があふれている

みはるかす北アルプスの
山々の夕映えに
浮き上がる白銀の青雲庭
オレンジと赤を混ぜた綿雲
青とオレンジの光る山々
粧いを落とし黒く細い枝の
のびやかなたたずまい
この一瞬　じっと
目を凝らしている目　目
心にゆっくり広がる力を得て
家路につく生徒たち
凍りつく庭園に
大地の炎が静かに
立ちのぼっている

軽井沢の風と水

浅間の山稜《さんりょう》を
風がかけ下り
溶岩原を吹き抜け
谷川を越え
とある縁先の
祖母の髪に触れ
校庭の児童の頬を過ぎ
落葉松の梢めがけて
かけ上る
四季を造り
軽井沢の心を創る風
透明な生命の源よ

浅間の嶺に降る天水

山容に潜《くぐ》り
土中深く流動し
白糸の滝となり
地表に流出し
山野を潤し
田畑に恵む
清冽な水！
軽井沢の心を
よびさます
悠久な生命の泉よ

柳中賛歌

黎明《れいめい》白雲の東空に日輪あり
上信越の山脈に影映り
善光寺平の眠りを覚ます燦爛《さんらん》
北天を示すコブシの花に
ヤナギの柔らかな黄緑の花に

校庭を走る柳中生の瞳に
光あふる

雷雲の頂より風湧き立ちて
天空を縦横無尽に駆け巡り
北信五岳を越えくる天の息
ハンテン木のチューリップ型の花に
ムクゲの白い花に
プールの柳中生の髪に
凪ながる

嶺々に降りし雨は
谷をくだり急流を集めて川となり
地底に入り地下水となる天の涙
サルビアの真紅の花に
ケヤキの紅葉に
運動会の柳中生の喉に
水浸む

地底深く燃える岩漿《がんしょう》
激しい鼓動が地殻をゆさぶり
万物の生命力の母白銀の大地
ヒイラギの白い花に
ナンテンの赤き実に
寒波に挑む柳中生の頰に
生命《いのち》輝く

三心賛歌

常念の白い頂が細り
女鳥羽川のゆきしろが消える
池にゆったりと錦鯉が泳ぐ
表情をきりっと　登校する生徒
気忙しく　足ばやの先生
三心（喜心老心大心）の碑は　思い思いの顔に
さわやかな挨拶をおくる

夏の日射しが碑を焼き
太古を誘う一陣の風が流れる
煙草を燻らす先生が
灯をかかげた女の像を見上げている
午後の運動練習のあと
芝生に腰をおろす生徒たち
玉の汗に三心が宿っている

秋祭りの夜
母と三心の碑をたずねる
満天の星のもとで
願いをこめて　石碑を移したことをきく
昔日の学舎をよみがえらせ
純一に生きる附中時代
いまに　三心は受けつがれている

オレンジと茜《あかね》の雲
白銀の庭に浮きあがる三心の碑

心の内奥にじんわり広がる力を得て
三々五々家路につく生徒たち
深夜新雪を踏んで帰る先生
眠るように凍りつく大地に
三心の透明な炎が　静かに立ちのぼる

後の祭り
――現代の供犠《きょうぎ》礼――

豁然《かつぜん》と祭りの狂気が迫る
　真の是　真の非　安《いずく》にか在る
　人間　北より看れば　南と成ると

人間思考の中枢に巣食う
民族的なものが
文化的世界に悲劇を導く
思考は誘惑的であり
別世界を夢見させる

明るい思考の背負う
人間の濃い闇空間がある

理性は権力と共犯関係なり
否　理性や啓蒙こそ権力とは無縁のもの
反権力だ　と
理性は神話と闘いつつ
呪術の世界から次第に乖離《かいり》しようとする
しかし　理性は神話の呪術から
完全に自立できない
理性と情動は敵対していながら
相通じている
理性は破壊的衝動と結び合っている

古代供犠の儀礼は
血と犠牲
自己欺瞞と権力の狡智を
包み込んでいる
神々から救われた自己は

他者を犠牲にする
贖《あがな》いによって生を得る
自己保存のために自我喪失する
冒険的合理的思考が
神々との和解を探る
——神々への贈与が
供犠の儀礼を媒介に
人と物の交換するギリシャ的策略を生む
敬虔な供犠は神々への贈与に変化し
個人の集団への呪術的投入と
呪術技法の組織的保存との間に
法や教えが熟成していく
現代に伝わる供犠的原理は
自己保存のために自我を犠牲にし
人間の内なる自然を否定する
人間の生の目的をも混乱させ曖昧にし
人間は自然的存在から離反する
現宇宙は全宇宙総重力質量の九割余
目にふれない暗黒物質が支えている

可視世界と不可視世界を結ぶ
不思議なカオスが思考を招く

風は風として自らに吹いている
そこには木を動かそうとする意識は
少しも感じられない
それなのに木の葉は風にさからわないで
風に随って自らゆれている
吹く風は吹く風でありながら風でなく
木の葉は木の葉でなく
どこかで一つに連接している

祭りの興奮は供犠的世界を喚起し
律義な供犠が神々を宗教的民族的な目的に
従属させようとする
自然や神を欺きなだめる理性は
社会的組織を維持する
暴力的行為　血の流れる合理性そのもの
人工システムの内部に

潜在的自然の破壊が進行する
人々は彌縫策《びほうさく》をも忘れて
祭りの供犠的陶酔に縋る

闇夜寂滅の後の祭り
紛れもない慟哭が流れ出て
鎮魂の調べを奏でている

風　塵

果てなく繰り返す
子どもと先生の行き違い
あの時から五十余年
混沌に麻痺する
日本の共通感覚

晩春の
第五時間目の始め

生欠伸　頭を机に伏せ
不調を訴える
子どもたちに異変が起こる

耳奥にきこえる
困惑のときの言葉
「さしたることではない」

食品検査に異常はなかった
教育カウンセラーは
学校アレルギーかな　と

激流を溯《さかのぼ》り
生命を故郷に運ぶ
そこには
白き寛容の余裕はない

学びの扉をひらけ

涙が出せない　眼の色
つぶやきが出せない　口元
怒りが出せない　顔面
子どもの心にことばを失わせ
表現の芽を封じている闇が在る

峻厳な嶺々の残雪が輝く
熱願の米づくり
学校田に　アイガモが
喜々と泳ぐ
童子の額ににじむ汗
ヒヨドリの原初の躍動感
カッコウの血脈の叫び

流れに呑まれつつある教室
教師の内奥に
濁流にあえぐ
子どもたちの姿はないのか

記憶の喪失

大地の吐息を止めた
黒い雨が降り続いて
五十六年が経った
広島の公園に
夾竹桃《きょうちくとう》の紅い花が蘇生し
街には新世代の人びとが溢れている

雑踏の交差点でショウタは方向感覚を失った
鋭い警笛に進路の危険を知る
喫茶店の窓越しに交差点を見るユウカ
思わず目を瞑《つむ》る
次の瞬間衝突を免れた
ショウタの車が駐車場へ入って行く

ユウカはショウタの苛立ちとも取れる
近ごろの突発行動に頼もしさを覚えつつ
一方では強い不安を感じていた
変わらないと思っていた世界が変わりそうな気
　がしている
ショウタはその高波に乗ろうとしている
ユウカには国益・改革優先が二重の虚構の匂い
　がしていた

会社員の二人は結婚を先延ばしにしてきた
ショウタがこの席に着いたら
ユウカは夏のバカンスの話題を切り出そうと
　思っている

分譲化の進んだ高原
その白樺は樹皮がはがれて
黒い肌があらわになっている
カミキリムシが人間の手を逃れて登っていく
しかし掛け声をかけて登れど
記憶にある樹液に出会うことはなかった

父の歌

降りしきる粉雪
透明な夕暮れに一人いると
父がやって来る

眉に雪の花を咲かせ　雪明かりの道を
鞄を手に持ち　一生歩き続けた姿で
誠実に仕事を愛し　厳しさに耐え
清楚な母と親しみ
人一倍バラを愛し
平安を求めて六十五年
白銀の髪に穏やかな眼をめぐらせて
夕闇に消えた父が
吹雪の幕が去り
凍りついた稜線が見え

麓に灯がはいると　やって来る
黙ってわたしと並び
立ち止まって指すのは
寂寥の丘の
果てしない道である

母の歌

白樺の散りしきる落ち葉
瞬時夕映えの中に一人いると
母がやって来る

楓香樹の林の道を
黒髪を結び　慎ましい姿勢で
真実を敬い　理想を失わず
安曇野の白樺精神を貫き
誠実な父と　草花を愛し

四人の息子を独り立ちさせ
心の平安を求めて八十三年
木曽節やふるさとを歌いながら
静かに眼を閉じた母が
夕映えの幕が去り
晩秋の星々のきらめきが始まると
やって来る

黙ってわたしと並び
立ち止まって指さすのは
時空の彼方の大河である

第二詩集『天上の風』（二〇〇七年）より

祖父《じい》ちゃんの緊張

三歳になりたての孫女子《まごっこ》が
何日かぶりにやってきた
突然　玄関の額を指さして
「おじいちゃん
　あれ　なんて　かいてあるの」
虚をつかれ　脳に一矢がささる
額の『春日光　志静輝』の文字
とまどいながら　すかさず
「お日さま
ポカポカ　ポカポカ
みわチャン
キラキラ　キラキラ」　と
うなずいて　孫女子はスキップをふんでいく
はりつめた空間に　花の香りが流れ
日本と中国緊張のニュースが聞こえてくる

風の子守歌

朝ぼらけの街
高層ビルに凛々と人々がやってくる
やがて　洪水のように溢れ出る
男は改革の狂気に酔い
女は清らかな呪文を唱え
細い糸太い糸の光が交錯する

　ミヤコはキヨシに言った
わたしはわたしのことをするわ
あなたはあなたのことをしたら
わたしはあなたの期待に応える
存在ではないの

ミヤコは十余年の会社員
アパートの一人暮しを続け
華麗には目もくれず
一途に仕事に打ち込んでいる
上司同僚がいくら勧めても
昇進を望まず　うらやまず
淡々とした物腰に
周りは違和感をもっている
後輩社員のキヨシは
ミヤコをひどく尊敬していた

ミヤコの強固な自信は
わかりあえない者を寄せつけなかった
キヨシはためらった
キヨシは頑なに
人間関係の破壊を恐れた
どんな人にもふれあうことができる
過剰な信念をもっていた

覇権の大波が固有性を侵食する
肥大化する穏やかな居り合いのない世界
親しき時代の風よ
心あらばこの子をお見守りください
六月風の子守歌を口ずさむ

火祭り

雪が降り続く
急斜面の赤松の林が
古代人の神国へ
旅立った地を護っている
いつもの足取りで夫婦の足跡が
山腹への雪道を登っていく

国内戦争の疲弊　忘れられた国
空爆の続く渓谷　洞窟の奥で
孤独なワダリダヤ老人は

「イスラムの神はわれらを見離しはしない」
今日もつぶやく

バーミアンの大石仏を破壊して
ナフダ（イスラム自覚の運動）を
確かめたタリバン政権は
多数の民衆の死とともに倒された

ヒジャーブをつけた
女学生シリンゴルは青い顔で
大家族が誤爆の犠牲になったと話す
カブールの大学生アブドゥルは
「アメリカは普遍ではない特殊なのだ」
ハンチントン氏のことばを語りかける

パキスタン国境に近い難民キャンプ
酷寒の高地に数千の天幕が並んでいる
キャンプの道に沿って
仮墓石が立てられている

暗闇が近づく
やせ細った子どもたちが膝をおり
じっと両の掌を天に向けて祈っている

山湯の火祭りが始まる
松明の男衆の一隊が通る
火神の面影に乗って
熱い血液の塊が
神経の峠を走る

奥ヒマラヤの天上湖
夏の高山を越えてきた
インドガンの子育てする
世界がひらける

境内から太鼓の響きが聞こえる
癒しのない心に
錚錚とした風が吹く

天上の大風

銀河宇宙に浮かぶ
青い地球が泣く
異常な気象現象
ハイテク殺人兵器が
人間に襲いかかる
弱い人間に犠牲を強いる
歴史は繰り返す
『二度と過ちはくりかえしません』
天上の誓いを破る

雀より鶯多き根岸かな　子規
サブロウとセツは
淡雪のようなあんかけ豆腐を
口舌にしながら
三百年の味を守る
職人気質にあきれている

繁華街の陸橋の陽だまりに
ぐっすり寝入る流浪の人たち
通り行く群衆は一顧もしない
恥辱も誇示も遠い世界
あるがままの風采の所作を貫く
その時間の熟成が疎遠な人との
素朴で簡素な交わりをつくる

サブロウとセツは
上も望まず下も望まず
凡人に徹する生活をしたいと願っている
気立てのいい二人は
誘いを断わりきれず流れに乗りやすい

自衛隊の大型ヘリコプターが飛ぶ
不思議なほど緊張する
災害救援といわれても
殺し合いのイメージは消えない

三分咲きの彼岸桜に聖観音が映る
大きな意志を持っているように
閉塞性に傷ついた心を
温かく引き込み包み込む
深い傷は消えない
諄々として時が流れ
平安が満ちてくる
小さな灯りがみえる

早春のスモッグを駆け抜け
紺碧の空が開け
純白な富士山に空路が向かう
鳥瞰の視野をたどる
しかし　天上の大風にはとどかない

若い胎動

思い切り頭髪を逆立ちさせ
時代の規範に反り返る不調和な服装で
ジュースパックに口をつけ
学舎の廊下を走り過ぎる

孤独の裸心は袋小路に胎動し
黒瞳は慎みの思慮を拒否して
奔放な共感覚を追いかける

市場原理優先の世界的論理は
覇者の陰に弱き者の沈潜を強いる
強権に抵抗するものは敗者となる
瑞々しい若き生命が
爆発の居場所を求めて迷走する

天の利　地の利はない
人の夢想は孤独の心に宿る
断ち難い絆をたちきって
新たな絆の誕生を信じている

南天の実

吹雪の去った大地
大雪のなかに
深紅の南天の実が輝く
難を転じて福と為す
即非の論理の世界を擁し
極点にはカオスを吸収して
オーロラが展開する

A25番教室の短大生のミカ
情報文化の講義に傾聴している
「イラク戦争と情報操作」の
テーマに集中している
情報社会に生きる
厳しさをミカは肌に感じる
マスメディアを
一部の送り手の人間たちが
公正さを堅持できる保障はない

情報の価値尺度をもたない
視聴者はどうなるのか
講義のテンポが一段と遅くなる

体育館でバドミントンの練習に励む
すぐそばで先輩クラブ員たちが
バレーボールに興じている
高校時代のような厳しい練習はない
ミカはこの運動クラブにも
最低のルールがあるはずだと
しかし一人の友人のほかは
だれも理解する者はいない
だが共感者を求めている

ミカは歴史と文化の講義の
善光寺平の渡来人に興味を持った
大室古墳群規模の大きさに驚く
五〜七世紀の古墳は五百余基が密集している
積石塚や合掌形石室が特徴

馬の飼育技術を持つ
朝鮮半島からの渡来人集団が
生活していたと言う

赤色の鮮やかに彩られた壺　高坏　鉢
赤い土器は善光寺平の箱清水式土器が中心
弥生期の末　赤い土器の国　箱清水王国は
中信や東信から群馬県にも広がっている
古墳時代直前のことと言う

ミカは善光寺の創建と渡来人の関係を
探ろうとしている
長野県の世界遺跡である御開帳と
御柱祭が結びつく縄文時代
そして弥生時代延長の現代の眼で
善光寺の創建や御柱祭の起りをみつめている

白銀の世界は
人間の歴史を封印している

今を生きる問題意識が
埋もれた思想　文化の
発掘を可能にする
自分と繋がる
巨大な絆を発見する

あかきいのち

街並みを師走の風が吹き
報道は事件をあおる
幼き女の子の
無残な逝き方に
眠れぬ夜を過ごす
北天に星が光る

わたしのいのちをかえせ
たのしいときをかえせ
なみだのときをかえせ

わたしのじんせいをかえせ
わたしをよびもどせ
おとなたちよ

理想を消し
規範を消し
欲望だけが燃焼する
終わりのない戦後社会の
豊かさ快適さに溺れる
深刻な精神崩壊をいま止めよ

氷雨が小笹を叩く
かたわらに
小菊のひとむら
枯れ残ったあかい菊の一輪
ひっそり　生命満開
冬の慙愧がひろがる

冬の陽だまり

雑踏の街角に立ち止る
周りの景色がまるで違う
太古の香りが消えている
無機的な人工空間に
孤独をみつめる

日独伊三国同盟の
軍国覇権主義は
一九四五年の敗戦とともに
消滅したのだろうか

当初占領政策は
日本の非軍事化と民主化
平和　文化　民主主義だった
しかし　占領軍の方針は転換
日本の軍事基地化と経済的復興へ
一九五一年　冷たい戦争の絶頂

サンフランシスコ　日米同盟の調印
経済繁栄のかげに永続米軍基地
そして　冷戦構造崩壊によって
　一国世界支配の潮流
　唐突に起こる憲法九条論議

小さな公園の一隅で
公孫樹の落葉を
祖母と孫娘が拾って
ままごと遊び
家族の名前を呼びあっている

白昼の漂流

横断信号の変わり目
急ぎ足で想う
そんなことを
こんな簡単に
決めてどうなるのか

水俣の海のメチル水銀汚染
五十年間に一万数千人の患者を生んだ
この夏　水俣の水銀ヘドロの埋立て池に
蓮の花がひらいた
「不知火」の能を演じている
水俣病の人　水俣病でない人も見入っている

シルクロード天山北路に
古城の廃墟のようなヤルダン魔鬼城は
厳然と人間を寄せつけない
数千万年の強風の風食地形
奇岩奇怪な造形が展開する
原初の地平に生命の交響曲はきこえない

有難う　を言えなかった
「自分」を
救急車にのせて

渺渺《びょうびょう》　街の海へ走っていく

いっぽんの道

花咲く春の色
生い茂る夏の色
艶やかな秋の色
その彩りの息を潜める
雪の近い暗い空に
突き刺さる黒々の樹々
冬枯れの雑木林をひとり行く
重い寂寥を背負い
胸のうちに言いきかせて
時の坂道を歩く

　新聞の小見出し
　　「九月一日浅間山噴火による
黒斑山北麓ガンコウラン火災」

ガンコウラン〔岩高蘭〕は
高山二千メートル以上の常緑小低木
岩肌や地表を這う　十から二十五センチ
線形の葉が互生し濃い緑色　雌雄異体
　紫黒色の実をつける

この高山性矮低木の細い幹
年輪を数えると大木並みという
高山の厳しい気象に
成長を極限まで抑えて
生命開花をはかっている

「山頂火口から一・七キロはなれた標高二千米」
ガンコウラン群落に火山石が落下
緑の絨毯に黒々と焼跡が処々にひろがる
ここより低地の樹高帯の木々は無傷でいる

長い歳月
高山気象に耐え

矮小の苦渋を乗り越えた
ガンコウランが
　再びこうむる災難は予測できないのか

雑木林を歩く後ろに小径ができる
立ち止まることは許されない
歳時は止めることはできない
軸足のゆらぎが狂気を誘う
心の内に
憎しみ　羨望　落胆の
地吹雪が襲う
持ち続けた
思いやり　素直さが
ずたずたになる
のがれられない宿命の悲哀に向かって
落葉を踏みしめ
一足一足
生命の鼓動を確かめ
生きることの
諦観を切迫させて行く

ひびわれる記憶

銀河系の果てに続く
紺青の理想に燃え
懸命に生きてきた人たち
その変節の
むなしいことば
ざわめく心を抑える

　大人が理不尽に奪う
　日本の幼い生命

ガダルカナルの密林の塹壕跡
六十年経ても父の遺骨を探し
土を掘り続ける八十歳の息子
アジアの戦場跡に眠る

百万の未帰還日本兵の無言
レバノン南部のカサ爆撃
無残なアラブの子ども

焼けつく太陽の時流が
人間の内面を
浸蝕する闇の気配
百日紅の花に一陣の風
黙々と
火照る心に
柱をたてる

生きる証

「帯状疱疹かな」と
その夜が長い

ズッキン　ズッキン　ズッキン
三分おき　二分おき
焼火箸が側頭部に渦巻く
我が身ゆえ　耳を切り取れ　この痛み
生身の精気をえぐりとる
希望も夢も失わせ　歓呼している

この痛みに勝てそうもないな
負けてたまるか
痛みがやってくる前に
奥歯を嚙みしめる
五秒　六秒　痛みが消える
その　二分後　三分後
のがれられない　あの痛みがやってくる
痛みが勝つか歯の力が克つか
天真の軍配だ
歯を嚙みしめて　少し元気が出る
ズッキン　ズッキン　ズッキン

ギシ　ギシ　ギシ
襲ってくる痛みは限りなく
受診する夜明けには
まだ遠い

生命《みどり》の地球

腕白小僧の
小さな指に弾かれて
みどりの硝子球が
大地を心地よくころがっていく

　先頃　火星から帰還した蟻の宇宙士が
　哲学者風の蟷螂爺さんと話している
この硝子球は　全く地球のようじゃ
宇宙から見る地球は
水と森　それは　美しい球なんだ

　じゃが　美しき故に
何億年前かの　雪玉地球を想いだすんじゃよ
　ほんと　宇宙船で
　火星へでも　引越しせにゃならんかなぁ

道路工事のブルドーザの
キャタピラを耐えぬけて
みどりの硝子球は
キラキラ　軌道をころがっていく

神秘な瑠璃《るり》色

古来　日本のアオ
あの彩りが
心をとめる
蒼蒼　澄んだ深層が
生命の波動を放つ

高松塚古墳壁画西壁の女子像
飛鳥美人の袴の瑠璃色
かぐや姫のモデルか
そのアオに魅せられる若き族長たち

幻の古代シルクロードを旅し
大陸の国々を経由して
飛鳥の都にやってきた
アフガニスタン産の
宝石ラピスラズリの顔料に
飛鳥人　創造の心がかがやく

古代四色の
青は生命
黒は大地
朱は太陽
白は死を表す
千三百年の時空を超えて
この　日本の彩り

新たな　神秘な瑠璃色を
いまの世に　みつけたい

白の原像

谷底より仰ぐ
紺碧の天空に
イワツバメがとぶ

六十一年目の
八月十五日がよみがえる
この日が　もっともっと早ければ
広島　長崎　これ以前の東京も
超白熱閃光　灼熱がくりひろげた
昭和の生き地獄はなかった

何十万の焼滅拒否の血の叫び
自然の摂理にそむき

人倫の道をたがえ
無辜の民を襲った忘却なき白

秘境の渓谷を登りつめる
突如　眼前に迫りくる
水煙上げる瀑布千二百尺
山霊が白い龍頭にのって
生きる者の吐息を鎮める

太陽《ていだ》幻想

無名のＫ山頂に
未踏の太陽湿原があるという
稜線の神秘なブナ樹林に
白く霊性が眠る
谷風が忘却の山の伝説を囁く

生命を育む地球に

不条理が渦巻く

旧ソ連時代の作曲家
ショスタコビッチの流した涙
南海の孤島に
五十余年叫び続ける骸の戦士
絶え間ない凄惨な戦乱
地雷に触れる幼い子どもたち
大気汚染　気候の変化
地殻のゆらぐ火山列島

紀元前四世紀　祖国アテナイの
戦後復興を批判する
ソクラテスの哲人政治の弁明が響く

白雲を待ち
山頂近い峻嶮を登る
暗闇の恐怖が襲う
雷雨は夢想を抑え

身心を封じこめる
ブナの樹もれ陽に
未踏湿原へ高潮する心音が
内なる太陽の衝動を語る

新米《しんごめ》の力

新米に　少しの
粟と大麦と　玄米を　入れた
炊き立て　ごはんに
手を合わせる

三十一年ぶりの
吉田拓郎　かぐや姫の
嬬恋コンサートの熱気
還暦のおじさんおばさんが　三万五千人も
あの頃は絶対に大人を認めなかった
かぐや姫の「妹」「神田川」が聞こえてくる

いまは　拓郎も肺を切除して
大人を認めている
「落陽」のあと　永遠の道連れに
「永遠のうそをついてくれ」を
中島みゆきと歌う
最後の歌　誰かにしがみつき
誰かに脅かされ　誰かに裏切られ
誰かと手を取り合って
「今日までそして明日から」と
日常から脱出して味わった
大人の至福な感動

炊き立て　ごはんに
梅干を一つのせて
一口かみしめる
口の中に　酸味　甘味
飯粒のかおりが　ひろがる
地球の渦巻く気流を感じながら
天地の恵みをいただく

風と山人

風は天の頂より
大気圏をぬけて
高山の渓谷　尾根道を
いくつも超えて
山人に会いにくる

山人は
白雲のように
山なみ遠く宇宙の彼方を望んでいる
今日も口をつむる
時々　ハイマツの茶をすする

風は語る
神仏が去って久しいね
田園は荒廃し
山肌は痛々しい開発の爪あと
市場原理のわがまま顔

飽食と飢餓の両極
人倫は地に落ちる
ネオ・マルクスは出ないのかね
異常気象に気づくのが遅すぎたよ
いつまで地球は　人間を許しておくのかね

山人は　うなずいて　つぶやく
大気が　変わる
海が　変わる
山が　動く
人が　動く
風は　しずかに
天の頂へ帰っていく

遠くをみる

茜の残る西空に
宵の明星が輝く

目に見えない
二つの暗黒が
宇宙を操る

質量をもたず物を引きつける「暗黒」物質
周囲の物質を遠くに押しやる「暗黒」エネル
ギー

一九九八年
複数の極小新星が超速度で
地球を離れていく現象から存在がわかった
百三十億年前のビッグバン以降
宇宙の膨張速度は緩やかになったという
常識を覆す「暗黒」エネルギーの出現

宇宙が無限に膨らむか
収縮してひしゃげるか
精査な観測がつづく

輝く冬の星座
銀河系宇宙の天体
青く丸い地球
人類の命運を
じっとみる

消えない祈り

快い響きに
見たことのない風景を
追い続け
ふと　気づくと
奈落の淵にいる

時の流れを遮断し
太古の静謐の空間へ
コーカサス山脈の

十字架峠を越えるように
むんずと首根っこを掴まれ
　引き摺りまわされる

邪悪の確執
世俗の格差が渦巻く
脱出口のない偽楽園に
黙々と地上絵を創る人たちがいる
大宇宙の精霊に
祈りを続けている

黙々と歩く

足裏に快い
砂利道が　突然
舗装道路にかわり
大地の感覚を失う

屏風岩をザイルで降り
雪渓を横切り
這い松の岩道を下る
木洩れ陽につつまれた
針葉樹林の道をいく
山岳の神秘が消えて
里山に点在する
村々の砂利道をいく
田園地帯を過ぎて
町の住宅地の舗装路をいく
名高い街道は車の洪水
林立のビルのかげに
人はあわただしく動いている
そのなかを
一人リュックを背負って
黙々と歩く
舗装の亀裂に
タンポポが見送る

西の夕空に渡り鳥が飛んでいく
スターリン時代
シベリヤの高麗人が
七千キロの遠隔地へ
強制移住させられた
いま　母国語を忘却し
故郷を歩くことはできない

父のことば

卯の花が生垣に咲く
父と過ごした街を歩く
旅立たれて四十年

高層ビルがならび
コンクリートが大地を覆い
際限のない豊かさ追求の陰に
腐敗と堕落を培養した時の流れ

幻想に迷うな
人間は本性を壊して
幻想にたよって生きている
厭世的になるな
人の幸せは何か　思索せよ

若き日「協同精神」に燃え
自己を戒め
勤勉を貫いた生涯
白雲の空に
父の面影を偲ぶ

母のことば

十月　母のふるさと
安曇野　梓川縁を歩く
旅立たれて十五年

国際的多彩な行事にわき
地球上の富を求め続ける日本
悲劇的な老夫婦の最期
親も子も救いのない罪が頻発する

世界一にならなくてもよい
お腹いっぱい白いご飯を
食べなくともいい
世界一高齢でなくともよい
静かに　貧しく暮らしたい

「白樺教育」を深く感受し
人間の心の衰退を憂え
慎ましさを貫いた生涯
清冽な流れに
母の面影を想う

第三詩集『風のレクイエム』（二〇一一年）より

消えた山びこ

オーイ
戦争　終わったぞ！
オーイ
戦争　終わったぞ！
山びこは　帰ってこない
あれから
もう　何十年も
じっと　待っている

　勤勉と軽薄に
　揺れる日本人の倫理
　顧みれば
　独特の江戸文化を
　捨て去り
　欧米化の潮流にのり
　富国強兵思想を
　生んだ　悲惨な
　近代戦争の歴史がある

今日も
伐採の　痛々しい
開発の傷跡を
抱いて
緑の山脈は
沈黙を守っている

五里霧中

霧が
じぶんを自分でない
不安をひろげる
人と人のあいだの
濁りは

動けば動くほど
不透明さが濃くなる

ずっと　待っていた
五社神古墳の
本格的な立ち入り調査が
やっと　許可になった
静安と尊厳を乱すと
研究者の墳墓への
立ち入りを
厳しく禁止してきた
しかし　古墳内部の
深層は
閉ざされたままだ

幻想をよぶ
霧のなか
かつて　空海がもちかえった
慈悲と智慧の世界をえがく
救いの曼荼羅がうかぶ
みえず　きこえず　いえず
霧のなか
現代のカオスを鳥瞰する
極光の聖図は
いまだ　創造の途上なのか

二胡の心音

二弦の摩擦音
温かみのある澄みきった音
バイオリン　ギターとも違う
心に沁みいく音色

西域のロマン　悲哀を
よびおこす
二胡の草原情歌が流れる

タクマラカン　砂丘に眠る
オアシス　ホータン王国の
幻の遺跡ダンダンウイング
千数百年の扉を開く

小さな寺の仏像一部が出現
仏像裾部に屈鉄線が描く
童のような仏のお顔がよみがえる
先年の発掘の仏画
西域のモナリザを彷彿とする

現世を越える聖なる世界を描く
屈鉄線の技法は
やがて　長安に　　そして
法隆寺壁画のお仏顔につたえられる

西域のロマン　悲哀を
よびおこす
二胡の新彊風謡が流れる

時流は風雲急
桃花爛漫にあって
アジアの異邦人は
魂の琴線に潤いを充たす

注　二胡は西域に誕生の二弦と弓の中国楽器。

田んぼの静息

残雪の北アルプスに
雪形が現れ
田植えをいざなう
満々と雪解けの匂いを
たたえた田んぼに
田植機が
孤独に往来する

田の神は
稲霊神　水神　守護神を併せ持ち
農耕神　百姓神と呼ばれた
サオリは
田植え前に
田の神を迎える祭り

田植えは
農耕儀礼で最も大事にされた祭り
ささら　笛　太鼓　鉦の囃しに合わせ
田植歌を唄いながら
紺の単衣に赤帯　白手拭い　新しい菅笠
田の神に奉仕する神役の早乙女たちが
田植えをする
稲作豊穣の願いが渦巻き
集落総出の老若男女が見守る

この頃は　早苗とるらし　わが庵は
　形を絵にかき　手向こそすれ
良寛

植え揃った苗に
水が濁り　強風がうなる
時の利便に流され
永い農耕の働く轍に
棹をさす陰影がひろがる
夕陽が沈む
植田んぼは　静かに息をとめている

言えないこと

青い地球は
何度目の温暖化ですか
独裁国家　国家エゴが正論となり
人類文化の蓄積は役立たないのですね
地球の人類共有資源を
倫理なき資本主義者が操り

原油　食料不足を
なにゆえ　庶民にしわ寄せするのですか

流砂に消えた　絲綢之路《シルクロード》　仏教都市ミーラン
何世代も歌い継がれた歌がきこえる

黒い嵐《カラ・ブラン》よ！　カラ・ブランよ！
ああ　恐るべきカラ・ブランよ！
わが故郷を奪い
わが故郷を埋め

カラ・ブランよ！　カラ・ブランよ！
わが果樹園に
今は砂漠が山をなす
ああ哀しいかな
われら何と苦しきことの多き
カラ・ブランよ！　カラ・ブランよ！
見わたす限り砂漠が
大地を埋めつくす
わが美しき故郷よ
　再び相見る法なし

近代の繁栄は　炭素社会を産み
地球の生き物の生存は
赤信号の瀬戸際ですね
欲望の肥大化は権力をまとい
生きる格差に　庶民の智慧は無力ですか
誕生する子たちの未来はないのですか
地球環境の再生　人類多民族の共生は
宇宙的諦観のなかですか

不似合いな建物

仰ぎ見る人影もない
如是姫像の前に立って
不似合いな長野駅舎をみる

国有鉄道の終焉とともに
仏都の玄関は
現代風の建物に豹変した

近代日本の幕開け
奈良興福寺の惨状をみる
破壊し積み重ねられた仏像
そこに阿修羅像もみえる
「遺跡は血に染まり
緑の苔までなまぐさい
鬼や霊が
古庭で哭いている」

「我々は今後もさらに
西欧化していこうとしているが
世界から尊敬を得るには
我々自身の理想に
忠実であることを忘れてはならない」
廃仏毀釈の美術品を救った

岡倉天心の言葉が光る
駅周辺は　洋風建物が林立し
繁華街は　今日も
土蔵造り一軒がきえていく
老舗精霊の　慚愧
かけがえのないものが　どうして
嘆息が街に渦巻いている

夏の海

昼の砂浜に座って
災難を忘れさせる
うみとそらの溶解をみる

大型の自衛艦が横切る
防風林の向こうに
地震に襲われた

世界最大の
原子力発電所の建物が
活動をとめて立っている

暗いうみをみる
いかつり船の灯りはない
暗闇の向こうに
大陸の国々がある
天の川のはずれあたりに
チェルノブイリはある
来日した放射能被害者は
いまどうしているのだろう

夜の驟雨が　波音にのせて
黄泉の声を伝える
太平洋戦争に消えた
三百四十万人余の御霊……
広島　長崎被爆の叫び
東京大空襲の叫び
沖縄戦の叫び……
いまだ故郷に帰れない　遺された
百四十万人余――

朝のうみを見る
凪の紺碧が変化し
うねり始める
波濤は　人の思惑を
つめたく　みつめている

空白の記憶

「ビック・ヤム・ドリーミング」（一九九五）
長さ八メートルの大画面の前に立つ
黒地の画面いっぱいに
力強い白い線が
曲がりくねり交差して
原始の雄叫び　精霊の語りを響かせる

文字を持たない民族の
砂絵　壁絵　身体絵がうかぶ
砂漠大地に自生するヤムイモ根のような
強靭な神秘の生命力があふれる

オーストラリア原住民アボリジニの
過酷な歴史がある
一九三〇年代　かつて百万人の人口は
白人入植の武力暴力略奪により六万人に激減
一九九三年「先住権原法」成立し　人口は漸増
一九二〇年　十代のエミリーたちは
白人入植で故郷アルハルクラを追われる
文明の波をさけて中央砂漠に
五万年の赤い大地の生活を守っている
故郷アルハルクラと共に生きる
生命の起源　創世記　神話の蓄積が
八〇歳のエミリー・ウングワレーの左手に
絵筆をにぎらせた
想いが絵筆からほとばしりでる

「ユーカラ」はアイヌ民族発祥を物語る
壮大な沖の人と陸の人との戦い
口承文芸の苦難の伝承を想う
古代は　まつろわぬ民の東国征伐
近世は北海道の局地に封じられる
二〇〇八年　アイヌ民族を
日本の先住民族と　やっと認めた
人間の空白の記憶は
閉塞した生命感を
よみがえらせることができるのか

居場所

地球世界を
のぞきこむ
軌道を回る

眼がある
北極　ヒマラヤの氷
アマゾンの原生林
激減している

家の庭に
中年の男が
しのびこむ
ガラス窓越しに
のぞきこむ
血走った飢えた
眼にぶつかる
一瞬　人影が
視野からきえる
しかし　あの濁った
猜疑の眼は
消えない

人間世界を
のぞきこむ
監視カメラの
眼がある

人間は
本性のまま
ひたすら凝固するのか

渦中の幻覚

あなたには　みえますか
甘言に誘われて
真昼の網に消えていくのが

すき間なく
張り巡らした網が
にぶい銀色に光る

のびやかな触覚を封じ
想像する力を失わせ
少しのはみ出しも許さない
ずるかしこさは
網の魔力に陶酔し
「人食」の技をひたすら磨いて
捕獲に血道をあげる
より大きな富を奪い合い
より強固な権力を奪い合う
富なく　権力なきことに
ひそかな誇りはないのか

月の光を仰ぐ
ススキの蔭に座って
小さな　小さな声を出す
コオロギの声には及ばない
叢の主　ヒキガエルは
そっと　聞き耳をたてている

あなたには　みえますか
銀色の網に響く
ジョロウグモの高笑い
その彼方
沈黙を強いる風雲の
迫りくるのが

おくりもの

父の日に　娘が
黄色いワイシャツを
贈ってくれる

娘は　中学生の登山
燕岳の頂き近く　偶然
高山植物の花をとぶ
ミヤマモンキチョウに出会い
清麗な黄色が

忘れられない　と

さっそく
黄色いワイシャツを着る
体のなかを
菜の花が　ひろがる
ひまわりが　ひろがる
ニッコウキスゲが　ひろがる
二匹の
ミヤマモンキチョウが　とんでいる
喜寿の心がはためいた

明るい表情

あいさつに　黙って
人生の　重いカバンに
つぶされそうに
公園の　椅子に
ひとり老女が　坐っている

傍に　坐る
耳を　傾ける
目を　じっと見つめる
心の重い扉を　ノックする
容易には　ひらかない

癒すことが　できるのか
泣いて　暮らすのか
笑って　暮らすのか
黙って　暮らすのか
心の　おきどころなのか
痛みは　共有できないのか

心の　痛みは
孤絶した世界の　奥深くにある
あきらめずに寄り添う
こわばった老女の頬が

僅かに動く
楓葉が紅に光る

働き者の急死
──甥雅志君を悼む──

師走の寒気
誰にも看取られず
孤独の死を迎えた
一昼夜余過ぎて
会社からの遅い連絡
出張先から駆けつけた
兄によってやっと発見

鍛えた若い肉体は
かたく冷え切っている
ただ　あの明るい笑顔を偲ばせる
デスマスクは　いまにも

この不条理の死因を
語り出しそうな
赤みを帯びた唇を見つめる
父母の慟哭　兄妹の号泣──
これから　人生充実期の矢先
絶対　受け入れられないこの現実

十二月は忙しいから
電話しないで　と
明るく母に　残した最後の言葉

トラブルの面倒な仕事も
嫌な顔を見せず引き受け
休みなしの連続　と
涙の告別する同僚の言葉

無念の過労死は
誰にも止められなかったのか
非人間的企業経営の影もある

強靭な現代社会の壁に
生命の尊厳を示し　深い悲しみのなか
生きる人間に　真の幸福を問うた
人間存在の重量がきえた
雅志君の無念は　永遠に消せない

空虚に挑む

冬の北極星を探す
二重に　三重にも　みえる
今日　昨日の間は
空虚な時空
今　今　今
今日　今日　今日の
羅列に埋没する

この肥満体から
親しい私は
全く離れている
喧嘩仲間と働いている時も
幼なじみと食事する時も
この体に
過ぎ去った日は　帰ってこない

切れ切れの　今だけが
拡大映像のように
生き生きしている
時が　どうやっても流れていかない
以前のことは　想い出てこない
未来は　思い浮かんでこない
いつから始まったのか
この不均衡が激しくなる

負のマスメディアは
根源的思索を禁じ
妖楽万能を増殖する
体は　現実感覚に

私を封じ込めようとする
現実主義の体から
私は脱出しようと試みる
体と私の乖離のくりかえし
平静な生を願う
人間性が顔を出す

体内のマグマは　沸々とわき立つ
体は浮遊物のように
はるかな実在を　もとめて
私に急接近する

星空に
ブッダの黒の
啓示が響く

アフガン増派を訴える
若き黒人大統領
壁側でなく卵側に立つと
講演するエルサレム賞作家

隔絶した
今日　昨日
予知できない　忍耐地獄に憑って
空虚な　間に
歴史的連結を担う
私の心身を発見できるのか

満天の星々のなか
冬の北極星が煌めく

霧の空洞

岩間のミヤマリンドウ花が
警告する
雷鳥が出て　天気が変わるよ
好天にも　岳人を寄せつけない

岩場の難所
霧の空洞に入る

頭上は突き出た巨岩
眼下は奈落の谷底
行く手は　人跡まれな
霧の渦巻く　岩壁の半円形の
空間がひろがる

岩頭にかかる靴の先に
熱い血潮が流れる
岩の裂け目にふれる
指先の感覚が退いていく
ハーケンを打ち
カラビナをつなぐ
手が鈍くなる
カラビナを通した
ザイルに確保され
岩肌を這い続ける

全神経に緊張が走る
無言の重圧を呑み込んで
登攀に腰を入れる
一瞬　錯誤がよぎる
このルートで登り切れるのか

岩間のミヤマリンドウ花が
霧の空洞の出口を
指し示している

蓮の花

清流　泰山の風
信濃詩人の集まり

長き陋習に流れ
濁りが漂う

資本家のように
起業家のように
中央利権臭気を
詩人にもとめる

役所の官僚のように
見下した態度で
詩人のまじめさを
鼻の先であしらう

知己の人脈に心を許し
傍若狭窄の作法は
詩人のサロンに
ほど遠い

誰一人　声かけもなく
朴訥を秘め
瞑想する詩人が

会場を去る

信濃の星々の理想を捨て
抱擁と清新を　汚泥の如く
堆積発酵させている
いつの日か
信濃の蓮の花が
開くときが
きっと　くるだろう

郭公のこえ

残雪点々　眼前の峰
枯れ草色の大地に
足を屈している牛たち
人の気配はない
ダケカンバの若葉
初夏の静寂な香りが

千四百米の高原をみたす

カッコウ　カッコウ
カッコウ　カッコウ
あれは　たしかに
異郷のあのひとのこえだ
激しい絶叫がよみがえる
強固なシステムをつくれ！
弱い生命を守るために
如何なる反逆もゆるすな！

今　危うい
柱はシロアリに侵され
僅かな良心にささえられている
カッコウ　カッコウ
カッコウ　カッコウ

枯れ草色の大地に
日本タンポポの黄色い点在

可憐な春リンドウの空色が
遠い想い出をよびさます
清冽な高原の無意識
遙かに望む　混濁の下界に
響きは伝わらない

灰色の壁

かたちが　心を苦しめる
かたちの重なりが
堪えがたい閉塞を生む
見えるものに
唯一頼った絆が　遠くなる
すばらしい風光を
信じた時代は　去っていく

二階の窓から　はるか
北ア槍ヶ岳が見える

登攀の緊張がよみがえる
四季折々　特に
冬の雄姿は　不動凛然だ
この春　突然
遠景を遮るビル工事が始まる
景観は一変
　灰色の壁が立つ

確かさを運ぶ感覚が消される
根深い旋律だけが
取り残されて
意識にとりついている
疲労激しい　肉体は
宇宙球形の夢想を
抱けずに　逡巡する

紫の幌馬車

霧雨　降りしきる
針葉樹林　くぐる
ぬかるみ　一筋の道
わずかな　光に
託した　栄光を呼ぶ
紫の幌馬車は疾走する

四次元の眼球は
炎天下　田の草取り
稲株周辺　かきまわす
ぬるぬる　手の感触
弥生期以来　水田に充ちた
民族感覚をみつめる
視界をさえぎり
夢想が漂う
変革の好奇をあおり
やがて専制の　あの感覚が

霧雨　降りしきる

針葉樹林　貫く
ぬかるみ　一筋の道
疾走する　紫の幌馬車を
飛び降りる
勇気は残っているのか

天空を往く

眼下　樹林の点在
草原の小さな牛の群れ
住み慣れた街は
靄の底に沈む
雲海の彼方に
北アルプスの岳々が
ずっしり　すわる
人間の介在を
厳しく拒む　時空がある

数十年　心の奥に
留めていた
篝火が燃える
混濁する不透明に
一条の光がひきよせる
天上の会話に
命の限りを感じつつ
いまの　充実を抑え
閑寂のひとときに
身をゆだねる

山頂を仰ぐ断崖にでる
吹き上げる濃い霧
足下　ミネウスユキソウの群生に
エーデルワイスをみる
踏みしめる岩塊
地底の　沈黙を護るマグマの時
地表の　噴出する風雪の時
人間の未知な創成の世界

天　地の　接点に立ち
時空の　恵みを斎《いわ》う

静かに念《おも》う

雨の日　雪の日
真昼の太陽を信じ
暗闇を感じない
生活《とき》を送る

彼岸を往き来する
分身に気づく
ヴィオリンの弓を
渾身　激しく引いた彼女
象牙の塔を出て陰謀にのり
良心派を苦しめた厚顔
日暮れも忘れて
川魚を追った幼なじみの顔

無念を遺して逝った
学友の意味深な笑顔
薄暗がりを透かせて
思い出の顔が近づいてくる
ことばは通ぜず　無言の
すれ違いがくりかえす

晩秋　寂寞に実相が映る
いささかの見識が
平凡なときを流す
苛まれ　勢いに押されて
抑えきれない失意
悲惨　不信に　昂ぶり
ひたすら理念を探究する
今　閻魔大王の前に
静座する自分かいる

自然《じねん》の分けまえ

独りに耐えて
りんごの皮をむく
刀が指先に当たり
血がにじむ
じっと　鮮血をみる

人間の祖先は
アフリカ大陸から
世界の各大陸へ移動
種の保持の道を求める

古代東アジアのヤマト
豪族たちは海洋を越えて
朝鮮半島　中国大陸の人々と
交流を盛んにした
交易立国　渤海が生まれる

中世の倭寇は
幕政の生活困窮支配を脱し
海洋を自由に行動する
境界人集団だった

新たな天地を拓き
新たな生存を希求する
血は　受け継ぐ

体内に
封じ込めた血液は
知られざる
遺伝子の系譜を担っている
融合　分離　の原理
忍従　狂気　の情緒
さまざまの仕組みが重なり合い
表出の機会を窺っている

きらめきの一瞬

川霧が　薄れ
白い温かみに
青い現実が　にじむ
波立つ川面が
地殻の普遍の
表情をみせる

収穫間近
村内に人影はない
祭壇の前に
大蛇の出現を待つ
クシナダとスサノオ

弥生式竪穴住居のなか
中央の燃え立つ炎に
二つの影が一つに映る

大蛇の危機を
越えた叡知・純愛が広がる

汚染に濁る川の流れ
源流の清らかな姿は　どこか
人間の堰に縛られ
洪水の狂暴を沈め
船の行き交う時代をのせ
ひととき　川の水は透明にきらめく

夏炎の呻き

霧が散る急坂を登る
樹間にみる
白い夏空は
不問の歴史を知る
山腹の墓地の静寂が迫る

米軍に追われ
日本軍に追われ
ひめゆり女子学生隊の憤死
あー悲しいよ　あー悲しいよ
アタラカノ《大切な》　トヨサンヨ
納骨する父親の号泣
沖縄には
上からみくだす
「かわいそう」のことばはない　が

他人に痛めつけられても
眠ることはできるが
他人を痛めつけては
眠ることはできない

チュルリタク
（相手の苦しい状況をみたら胸が痛む）
が生きている
沖縄　地の呻きは　六十五年経ても
本土人の琴線に届かない

蟬しぐれの林道をくだる
いかりの太陽は
熱線を放射し続け
大地の炎が
草莽の志を焼きつくす

生命の影

晩霜　里山を行く
齢の急坂に　息がつまる
見えない行く手の壁
続けてきたことの
一つ　一つを　閉じる
奥歯を噛みしめ
生業を断念する

かつて　のぞみを託した
人は　上りつめた
おごりたかぶりに
豹変する
裏切りの横笛が響く

隔離のときを重ね
縁のふかみが
顔をだす
原始の幻焔を
消去する
勇気があるか

生命の扉を　わずかひらき
奥部にＨＩＦ―１がみえる
人類進化を背負った
低酸素遺伝子が
正常細胞に潜り込む
誕生の胎児　そして終焉に
低酸素細胞が活動する
生命進化の厳然に
凍える輪廻を覚える

注　ＨＩＦ《ヒイフ》―１《ワン》　低酸素環境の自然淘汰で強力な生命力を持つガン幹細胞遺伝子の一つ　ＮＨＫスペシャルをみて

無　風

日常の無風に　耐えられず
神経がざわめく
殻を破る　未知への渇望
昨日とかわらぬ今日の無風
今日とかわらぬ明日の無風
無風は　無聊《ぶりよう》
天つ風の住処《すみか》か

十七世紀　カトリック王国スペイン

宮廷画家ベラスケスの『ラス・メニーナス』
輝く王女マルガリータと侍女侍従たち
そして絵筆をにぎる画家の雄姿
胸にはサンチアゴ騎士団紋章赤い十字架
中央の鏡に国王夫妻が映る

国王の信頼を得た権威と
宮廷より排斥の異教徒《コンベルソ》家系の秘密を抱く
ベラスケスの過酷な運命
唯　絵画のなかで人間の尊厳を問い続ける

日常の無風は
わずか変わっている
時を経て意識の向こう側の
非自己の共存を許そうとしている
このかわりようは　進化か　退歩か
いつの日か　遺伝子を多く持つ生物が
人間を越えて自己表現するのだろう
無風は　渾沌
逆風を呑みこもうと口をあけている

悲　嘆

頑愚に鉄槌がくだる
安穏とした頭脳は砕かれ
意味をもない映像が
万華鏡をのぞくように
素通りする
耳の記憶には　娘《あなた》の
笑い　叫び　忍び泣き　話し声が
激しくうずまいている
視角と聴覚が乱反射して
病室に立っている自分がみえない
天は突然　愛する娘を奪い去る
生に限り在り　老いれば朽ちる
道理は承知しても

人生半ばの昇天は　酷すぎる地獄の責めだ
生き抜いた娘の一コマ一コマを想い
しずかに安らかに眠ることを願う自分がいる
災難　運命の因縁を探る
もしかしたら　あのときたすかったのではないか
天は　なぜ復活の道を閉じたのですか
娘の力がおよばなかったのですか
親の怒濤が遠因ですかと懺悔する自分がいる

生き生きした娘のスピリットを
体感することはできない
心いっぱいの空洞にわきでる妄想の洪水
無言　無音の気流がなきがらを包む
自力　他力が離れ　騰々と立ちつくす

宣告の朝

小雪の舞う埋立地
白の下の無機質な世界に
寒風が息をのむ
かつての緑の谷間は消え
暗い悪魔群がうごめく

大学病院医局の一室
医師団と娘の家族が正対する
画面に大きく胃、大腸の内部が映る
きれいで異常ない
卵巣から子宮を覆ううすいかげ
左右肝臓に拡がる小さな灰色のかげ
左右肺臓に拡がる無数の白い粒子
先例のない未分化ガンの驚異的な拡大
医師の説明に緊張が走る
異常を覚えて十数日
四十八歳の余命
冷徹な医師の両眼に
ガン治療を断念しつつ
奇跡を念ずる

ナナカマドの赤い実
早くも雪融けの土手に
微風が吹く
オオイヌフグリが顔を出し
無機質の大地に
小さなタンポポが一輪ひらく

こんなに元気なのに

お別れの三日前
あなたは　笑いながら
オ　ハ　ヨ　ウ
ユウベ　ヨナカ
ナースコール　ガ
コワレタ　ンデ
ナースセンター　マデ
アルイテ　イッテキタヨ

え　だいじょうぶ
一瞬　看護体制を疑う
しかし
五メートル　余も
あるく力が　あって
すごいな　元気があるんだね

細くなった手をさする
ナオルカナ？
なおるよ　あきらめないで！
ビョウイン　デレルカナ？
あるいて　かえるんだよ
シゴトニ　フッキ　デキルカナ
かいしゃの　みんなも
はやく　げんきになってと　まっているよ
かならず　なおるからね
顔色の良さに
好転を信じたくなる

大きな息

文旦の汁を唇にぬらす
手づくりのヨーグルトを唇にぬる
母が水を含ませたスポンジおく
わずかも口を動かす気配がない

もうまにあわない
苦しい呼吸が続いてやってくる
大きくする呼吸が途切れる
やっと　妹からのケイタイがかかる
急ぎ　あなたの耳に当てる
　おねえ　ちゃん
　がんばって！
すると　あなたの頭がグーとあがって
うなずくように　大きな息をつく
胸の両側を看護師が支える
握っているあなたの手の力が　ぬけていく
父母の必死の呼びかけにも　応じない
あなたのからだは厳粛に横たわる

旅立ち

ベッドに紺のツーピースを着て
薄化粧のあなたは
清く美しく神々しい
俗世を離れ　あなたの本性がそこにある
枕上の花々よりも
生死を超えた　この安らかさ
すずやかな　顔の色　目もと
すっきりした鼻すじ
今にも語り出しそうな口もと

合掌する人たちが

本当にいきているようだ
こんなきれいな死に顔を
みたことがない
天国の花嫁に行くようだ

澄みきった冬の空を
どこまでも　どこまでも
上っていく
強くなるより　やさしくなりたい
まわりの人のために
何かできないか考えつづけていた
「わたしの平和宣言」に署名したあなた
「清雪花裕信女」のあなた
宇宙の光明が　かぐや姫を見守っている

あなたはどこにいるの

風の如く去ったあなたは
地球をはるか見下ろしているのですか
天空で祖父母さんにあっているの
天の川のほとりで
お祖母ちゃんとあって
　ひろこちゃん　どうして
　こんなにはやく　きたの　よくきたね
従弟の雅志君と幼き頃の
話をしているのだろうか

あなたは　宇宙の心にだかれて
天空を回遊している
「風のように」（小田和正）が好きだった
あなたは自由自在　無礙の境地を
満喫しているでしょう

現生人類は三万年前
共存の道を捨て
征服の道に変えて
ネアンデルタール人類を

欧州アジアで絶滅させた
きっと　ネアンデルタール人の
おばあさんにあって
現生人類のゆがんだ優しさを
語り合っているだろうね

清雪と千鳥

人間は　どんな極限にあっても
生きる意志がある
しかし　あなたは四十八歳の
生命を停止する
親の　後悔　苦悩の逆縁のどん底には
容易に光はやってこない
暗黒の泥沼に身を沈めて
己の救いを捨てなければ
奈落のどん底を
はい上がるひかりはみえてこない

明け方の
清雪に椿の花がおおわれた
庭先のわずかな土に
緑の羽根をした
千鳥が嬉々として
あるいている
どなたを　探し
どこへ　帰って行くのだろう

霧の中のいのち

あなたは霧が好き
落葉松が萌える軽井沢の離山
ヤマユリの花を探して
熊におびやかされたね

離山の麓の赤い屋根の学校

賢治の童話のなかにいるようだ
霧があなたを包む
樹林も山野の花も
乳白色の世界

静まりかえり
個々のいのちは息をひそめて
しじまの奥底から伝えてくれる
微かな震動
かすかな言の葉を待っている
あなたは霧の中で
じっと動かない
私はあてもなく歩き続ける

人智への不信

走馬燈のように巡る
なぜ　あなたの命が救えないのですか

一二・一〇　長野日赤外科で紹介診察
腸閉塞のうたがいであったが
担当医は　異常ない　と
一二・一一　長野日赤救急センターで受診
婦人科医は腹部にかげがあり
入院検査の必要をいう
吐き気　便秘は改善しない
食欲も減退している
一二・一五　信大病院へ転院
卵巣がんの疑いで検査治療のため
検査が繰り返され　卵巣ではなく
未分化がんが肝臓肺臓に爆発的に拡がっている
手術　放射線治療はできない
一二・二一　肝臓検査の見解で
最後ののぞみの抗ガン剤治療は
肝臓機能が極度に弱まり
その治療を断念せざるを得なくなる
原因のわからない未分化がんの説明はほとんど無い
一二・二二　医師団の指示で

再び　長野日赤へ医師つきで搬送　入院
外泊許可が出る　一二・二三／一二・二四
あなたは我が家へ帰れたことがうれしく
トイレも歩いていける元気さだった
ベッドの脇で寝ていて夜中のトイレを助けた
しかし　先例がない　原因のわからない
正体不明のがん細胞に対する見解は何もきけぬまま
長野日赤医師の強い退院勧告
一二・二五　愛和病院へ入院
緩和治療のみがのこされている
希望を何でも云ってくださいね
あなたの希望が一つ一つ
消えていくのがつらい
あなたの強い仕事への意欲を
聞くのがつらい
生きる力が弱っていく
生命細胞が抵抗できなくなる
なぜ　あなたの生命が救えなかったのですか
未分化がんについて

どうして人智は無力なのですか
正常細胞を襲う　強烈な異常細胞は
常に体内に増殖し
偶然と思われるチャンスに暴発する
花の好きなあなたの
しなやかな優しさは
強烈な異常細胞の適地だったのですか
大自然の摂理を知らず
未開の世界を知らず
有限の人間の生命は永遠性を
いかにして求めることができるのだろうか

あなたが去って
子を失った無力の親の姿
逆縁の悲嘆は果てしなく
刻々の悔悟の波に洗われ
親の生命体は限りなく
極限の小個体となり
ただ　ひたすらあなたの

大きな無念を背負い続ける
あなたは常に無言でも
いつかあなたの声が
極限の小個体にも
きこえるときがくると念じている

冬の月

晩秋の午後
母さんが暗い顔をして
買い物から帰ってきた

　あんたとこは
　娘をいつまで　飼っているだね
といわれた　と

そういうあいさつしかできないんだから
　気にしないで
あなたは　許されない人権侵害のことばを
優しくつつんでくれていた

それからまもなく
あなたはあの世へ旅たった
通夜にも　出棺にも
その老女は見えなかった

冬の月が
皓々と　清雪を照らしている

はるかな道

あなたの好きな
純白な大雪が降り続く
母さんは庭に出て
あなたの足跡が

あるという

風のように去った
あなたが
近づいてくる
しかし　姿が見えない
言葉がきこえない

現世から彼岸に
わたることはできないと
わかっていても
もう一度　会いたい
そして　あなたの生命を
守れなかったことを
心からわびたい

この世でえがく
小さな想像　空想
小さな悔悟　苦悩では
あなたの真心には届かない

大雪の峰を
いくつもいくつも越えて
自分を忘れることができたら
あなたが会ってくれるかもしれない

風の通い路

早春の川辺に立つ
流れは　有情から無情の
風景へ映る
水は　かすんで
彼の世の娘《あなた》の
面影が浮かぶ
快活な声は　きけないが
幻影の優しい韻《こころ》が伝わる

災難に逢時節には
災難に逢かよく候
死ぬ時節には死ぬかよく候
是ハこれ災難をのかるゝ
妙法にて候

良寛さん
自然順応ですね
自らの分か
自然に　還るのですか
切腹の精神とは異なるのですか
岩石が喉いっぱいにつかえています

母さんが
台所で茶碗を洗い
ふと
　その布巾とって
声をかけ　涙する

此の世と彼の世
彼の世と此の世
あなたの
　死にとうない
の韻が
風の通い路を開く

やがて
開花を告げる
あなたのすきな
花芯風が吹いてくる

天上の彩り

朝陽を待たずに天空をみつめる
極薄のブルーとピンク極少量
たっぷり白と銀の混合色の
バリゲートが

西洋朝顔の叢に
あなたの顔と重なり　浮かび出る
花の名は　「天国の入口」

人間はなんの咎がなくとも
無法の拘留により
身に覚えのない罪の容認を迫る
村木厚子さんは
検察の理不尽の扱いを
自分に誓った
体をこわさない
楽しいことをみつける　と
真実の希求　苦闘の一年三ヶ月
証拠改竄のストーリーは崩れ
強靭な意志を包む笑顔は
バリゲートのようだ
人間の幸せのための仕事をしたい　と

与えられた生命の安泰のなかに
ようやく心の世界がひらけ
地獄の様相がみえてくる
できることが狭まって
しっぺ返しがとんでくる
永遠の生命が抱く極楽と
永遠の業苦の地獄の　交接点を生きる
強い陽を浴びる　バリゲートの
凛と　優しい平安をみる

第四詩集『風のふるさと』（二〇一三年）より

クロアゲハ

真夏の日暮れ時
母さんが激しく呼ぶ
娘がきてくれた　と

何処からきたのか
クロアゲハが
ヒラアリ　ヒラアリ
庭の低い空間を
風に乗って翔ている

三年前までくらしていた
部屋の窓に
近づいていく
純白　淡紅のグラジオラスの間を
色鮮やかな紫陽花を越えて
百日紅　向日葵に向かう
そっと牡丹の葉先に羽を休める

思い出の庭を
なつかしそうに
たのしそうに
風に乗って翔る
バラの葉に休む

立ち尽くす二人の眼前に
挨拶するように
翔てきては去っていく
翔てきては去っていく

眼の前に
羽ばたきで静止する
眼と眼が合う
無音のことばが交叉する
温かい黄金の沈黙

よくきてくれたね
確かに娘が
そこにいる

宵闇が迫る
クロアゲハの姿は消える
曇り空に
遠雷がひびく

山桜幻想

冬枯れの山肌
谷あいに隠れ
ひとり一隅を照らす
魂祭の桜花空間が
湧き出《い》でる
朝日に匂う山桜　まじかに

可憐な一輪を見る
彼方から小鳥がやってくる
生けるものに魅力を放つ
桜花の秘めたもの

花と聞くは誰もさこそはうれしけれ
　　思ひしづめぬわが心かな
月見れば風に桜の枝なべて
　　花かと告ぐる心地こそすれ
花見ればそのいはれとはなけれども
　　心のうちぞ苦しかりける
願わくは花の下にて春死なむ
　　その如月の望月のころ
　　　　　　　　　　＊西行

桜花にこめられた
「悲嘆の中の歓喜」
滝桜の苗を全国に送り続ける
老婆のことば

春の強風
花びらが舞いあがり
雨に打たれ
無言に散る桜花の
直心が　想いをあおる

秋嶺の現

深山の樹林を分け入り
紅葉を探す
視界が開け
鬼無里《キナサ》　大望峠に立つ
左手　遠く
北アルプスの連峰
鹿島槍ケ岳　槍ケ岳
右手　眼前
急峻　戸隠西岳の岩肌

嶮峻に　手をあわせ
じっと眼を注ぐ
かあさんが
あなたが
兎さんをつれて
あそこで合掌している　という
西岳中腹
屛風尾根の一つ
上部の巌が　あなたの顔に
岩陰が　黒いあなたの体にみえる
少し下　白い形
立ち兎がみえる

戸隠伝説
第六天魔王に祈願
誕生した　童女呉羽が浮かぶ
西岳裾まで埋める
広大な谷
自我を遮断する樹海の静寂

あなたの最期の
生きたい願いを
果たせない悔しさが渦巻く
死者をデーモンが苛む

現世《このよ》に似た
彼世《あのよ》があるのだろうか

西岳の　峨峨とする
厳つい表情は
いつになく穏やかな
山容を示している

街中《がいちゅう》隠棲

かつて造成盛んな街中
人影のない住宅街
子どもの声もない

空き家が目につく
屋内にひきこもる
孤居《こきょ》の波がよせている

高村光太郎は
花巻の粗末な
山小屋で自活する
果てのない
戦争協力の懺悔

良寛さんは
寺院を離れ　五合庵で
薪を取り　大根を育てる
唯一人釈迦に向かう
自然　真の生きる体現

陽光に誘われ
庭の花畑にクワを入れる
佳人が兼六菊桜を手に訪れる

純白に淡い桜色が滲む
小球形の桜花　可憐に気品
突如　加賀風土が流入する

物見の岩

上杉謙信物見の岩に
ずっとすわる
眼前の善光寺平は
深い秋霧が覆う
湧き出る霧は時を遡る

松代大本営建設に働く朝鮮の人
長野空襲に逝った人
善光寺地震被災の人
雌雄を争う川中島合戦の武者
都を目指す木曾義仲の兵
継体朝に来朝の日系百済人科野《シナノ》直《アヒタ》

千曲川をのぼる伽耶国の貴人
赤いベンガラのクニの祭祀土器
牧場に高句麗のウマを飼う技術
厨子を背負う異国風の一団

大陸からナウマンゾウを追ってきた野尻湖人
裾花川のサケを追っている花岡平人
水のカミにいのちの繁栄を祀る縄文人

アキアカネの群れ
岩石の地学的時間と重なる
生物の変遷は短い
地球の自然破壊の時は速い
人は　いまにこだわり
根源を忘却しすぎる

冬の子守歌

健康な人でも　安心して歩けない
寒さに耐える　厚着して
歩道は　デコボコ
信号無視の　交叉点
里山　広葉樹林　小径は　熊の道
しかし　人は隠れ道を　決めて歩く
青い地球の　命運を戴く
チャンスをねらうように

南太平洋の
海水面が上昇して
島国ツバルが　沈もうとしている

モンゴルの果てしない草原
蜃気楼のように
無数の墓標が浮かぶ
漢民族の支配が
モンゴル族を消していく　轍

寒風が吹き
雪が舞う
カエデの小枝に　しがみつく
カマキリの巣が　ぬくぬくゆれる
ヒイラギ葉先の　ハリが
季節を過ぎた　白い花を誘っている
バラ一輪　開きかけの　凍りついた
花びらが　冬の子守歌をうたう

途絶えた通信

冬を呼んでいる
耐えがたい凍えた森にいる
ふと　いつのまにか
街なかの喫茶店に坐って
窓外の人の姿を追っている

見知らぬ無表情の連続
べとつかない　無干渉の
心地よい温かさを覚える

季節の葉書を送っても
返信が来ない
無視されたこだわりが芽生える
手元には返事を待つ
数枚のハガキが欠伸をしている
ものぐさからではない
どうしても　書く気になれない
書く世界が互いに　みずとあぶら
人間のランク付ける
つもりはない
無干渉の交流の所作が
身についていていない

もしも　窓外に知人が現れたら
　君は　冬の鍋倉の森で
　遭難　行方不明ではなかったか
知人は不思議そうにながめて
　世には似た人がいるものだ
　友人そっくりだ
通じ合いの手段が絶たれ
無念のかげに
秘かな開放感が渦巻いている

アリ地獄

街頭に出て
コブシを掲げる
世にあふれる
青白い顔の人の群れ
民衆を餌食にする
打算の為政に
辛さを知らぬ
ひとにぎりの人でなしに

そして　力弱き自己に

仕事なく
住む家なく
テレビは遠い
希望は奪われ
アリ地獄の獲物の如く
いまに身をおくしかない

働けど働けど
残業は延々
数字効果をあげ
和顔が消え
労働人間性は影もなし
アリ地獄の獲物の如く
いまに身をおくしかない

いくつもの
病を抱え
病院から断られ
話し相手もいない
目の前のコスモスをみつめる
自分とかかわりのない
架空な世界へ誘われ
アリ地獄の獲物の如く
いまに身をおくしかない

街頭に出て
コブシを掲げる
無言の　想いが
集中する
アリ地獄脱出の
試行が続く
アリ地獄　次の
世界を夢みる

緑の不安

暴君のやさしさに
沈没しそう
真剣に日本を考えた
痛切なことばに
暴君の陰影を感じ
不信の芽が顔を出す
抑えれば　抑えるほど
たしかさを追う
感情が湧き上がる

おお　ナイルよ
この地よりいで
エジプトを生かさんがために
来たれるもの……
ナイルの増水するとき
汝のために
鳥は太らされ
砂漠に獅子が狩られ
火が準備される……
すべての人々よ
万物の主なる
かれの息子が
両岸を緑となして
つくりし威厳を畏れよ
汝は緑なり
おお　ナイルよ
汝は緑なり
人と家畜と地の獣を
生かしむるものよ
汝は緑なり

＊ＮＨＫ　『古代文明冒険紀行』朗読「ナイル賛歌」より

物言いせぬ子どもたちがいる
福島の幼稚園児が
外で遊びたい
ことばを飲み込んでいて

いわぬ　ときく
県民交流の場
知事に　授業で
ききたいことがきけない　と
訴える女子中学生の
必死な口元とまなざし

先行きのない日本社会　強力な利益共同体
原子力複合体の無責任　究明途上
原発再稼働が現実的になる
暴君の二枚舌のやり方ではだめだ　と
本気で言えるのか
大雪に覆われ凍える日本
異物を判然とさせ
改革の火にすべてをかける
煽動が広がる　それが
災害もたらした純白　沈黙の季節の本意か
魂の極を変え　雪籠りに徹することではないのか
冷静に自身が身動きできない

内部に徹し　ぎりぎりの
主体力のマグマをみいだすことではないのか

やがて雪を割って
萌える緑の世界が到来する
雪の純白　沈黙の季節に
徹しえなかった人間には
感得がむずかしい
緑と白の輪廻がみえていない

天空の渚

はるか　地球上の夜景
九州から北上　北海道へ
わずか十分間　通り過ぎる
日本列島に点在する灯火
東北の明かりが　少ない

突如　天変地異！
黒い大津波が
幸せを呑み込む
慚愧の御霊に　何を捧げるのか
恐怖相乗の人知の錯誤！
福島第一原発事故
果てのない放射能害毒を生む
福島の子どもに　送ることばがあるのか

天災！
自然の猛威は
人間を目覚めさせるか
災害日本に　如何に生きるか
文明災！
過ちによる凄惨な悲劇は
くりかえされる
被爆と被曝
二つを体験する日本に　如何に生きるか
人間は　力あるものへ

自ら従う習性に　逆らえない
　聴け！　天の声
そして　内なる声
文明が裁かれている
災害の地に残された人たちを
　涙しても　元気づけたい

メキシコ上空四百ｋｍ
渚に浮かぶ綿雲に炸裂する雷光の連続
時々雷光より宇宙に向かう閃光
オレンジ色の妖精《スプライト》
　地球と宇宙双方に作用する雷
北極をめぐるオーロラ
緑の大河の流れ
　地球酸素と宇宙電波の衝突が緑色
ときどき　渚の大気環空間に
吸い込まれる流星
　微細な彗星塵が大気分子と衝突する発光現象
＊古川聡宇宙飛行士の撮影

太陽絶対の地球に
宇宙と地球を結ぶ渚がある
表面の異質と内面の異質を
受け入れ　繋ぐ
無口な渚の実像を知る
渚は　太陽系宇宙と地球との愛
渚は　自力他力を超えた人間の霊魂
　太陽系圏外の光を希望にできるか
人間は　成熟への習性障壁を
いつか　克服できるだろう

星がよぶ

冬の星座が
冬籠りの人間に
親近感を抱かせる
地球外生命体は存在するのだろうか

グセフ・クレーターから　赤い火星の　二〇〇四
青い夕焼けが送られる
球形の地表に巨大な砂嵐を撮影　二〇〇五
北極の日の出の映像　探査機フェニックス二〇〇八
表面下から水の氷を発見　二〇〇九
赤道付近のアレス渓谷から
窪地どうしを繋ぐ水路発見　二〇〇九
水の作用で形成されたと推論　二〇一〇
三十億年前　火星は誕生直後
厚い大気を有し　温暖で海が広がっていった
しかし海は干上がり大気も失われ
冷たく乾燥した惑星になった　＊ＮＡＳＡの資料

火星人を空想した少年時代
ＵＦＯの情報に神経を　今も集中させる
星座を包む宇宙は未知で果てしない
人間の霊魂が
星になって見守っている　と

あなたの星を　今夜も母さんが探している

北極星がひかる
満蒙開拓義勇軍で逝った
叔父のやせた顔が浮かぶ
いまだ　己の生の意味が解けないぞ　と
確かに　記録も　国策に服従した教師の
きびしい懺悔は少ない
今の教師に　けじめもなく引き継がれている

ＮＡＳＡ電波望遠鏡群で
青いバックグランドの
宇宙信号を受信する
地球外知的生命体から
発せられた可能性がある
銀河系の果てから送られた
信号は　二百年の時を経てきた　と
太陽を崇め　星占いに従い
暦を作り　星座の動きで
種をまいた人間
宇宙は銀河系が千個以上
存在すると推測
超銀河構造はなお不明
地球生命は
宇宙生命形態の一つ
地球外生命体は存在するだろうか
そして　地球外のカミ
宇宙創造主に邂逅できるだろうか

二〇一一

虚構の皇子

ヤマトの想像力は
時代の事件を忘れさせる
ふたり皇子に
象徴化の悲劇は共通し
そこには

偉業を成し遂げた生の喜びはない

古事記神話（七一二）
日本武尊は武勇知略に優れ
武勲を立てるが　天皇から疎んじられる
王権確立古代国家形成に
働く多くの皇族豪族たち
東国征伐　西国征伐休む間もない
過酷な戦闘の連続を耐え抜いた
ヤマトタケルの分身は何人かいたに違いない
兄をほぞちのごとくにした怪力の持ち主
荒海を姫の鎮めで航行できた幸運児
草薙の剣で焼打ちを脱した加護
伊吹山で病に倒れ帰郷できぬヤマト恋しの歌
語り部の口から
古代国家成立の影の力が
ヤマトタケル像に統合され
文学的英雄物語が語られる
古代の防人の歌が浮かぶ

近代の詩がある
行け従軍の兵士
吾人今や諸君の行を止むるに由なし
諸君今や人を殺さんが為に行く
否ざれば即ち人に殺されんが為に行く
吾人は知る是れ実に諸君の希ふ所に
あらざることを…

＊幸徳秋水「兵士を送る」（平民新聞14号1904）より

日本書紀推古紀（七二〇）
厩戸皇子は皇太子聖徳太子と登場する
第一条　和をもって貴しとなす
第二条　あつく三宝（仏教）を敬え…
十七条憲法を自ら書き記したとある
近ごろ教科書から聖徳太子が消えている
推古朝の頃は皇太子制度がなかった
日本書紀の十七条憲法は
推古紀の執筆者が　書写でなく

新たに作り出された可能性がある
書き手の文法上のくせから
研究者は立証している

飛鳥期
　寺院の創設
　冠位十二階制定
　憲法十七条制定
　斑鳩寺にて山背大兄王一族自殺
　乙巳の変　入鹿を殺す
　大化の改新の詔宣布
白鳳期
　壬申の乱　大友皇子死す
天平期
　平城京遷都
天武朝の古代国家形成の
創造的なマグマが
流血あふれる古代史に

黄金の超人聖徳太子の
集合代名詞を登場させる

デオニソス的かアポロン的か
説話的伝承の感性と
歴史的認識のせめぎ合いが
皇子実像を顕にしていく

教師の榾火

――授業は煉獄――

上信越の黎明の峰嶺に黙想する
戦後六十余年
文化・民主国家目標に
六・三・三制教育がはじまる
国民的な覇気
昭和二十八年　初めて教壇に立つ
貧しいが　生命のぶつかりあう

授業は　天国のように明るい
しかし今　長生きを悔む　断崖に立つ

歓声のあふれる学校
学級づくりの学友感情の中
子ども一人ひとりが切実な学習問題を
追究し話し合いを展開する単元学習が拡がる
授業に内在する生き生きした個の成長を
知識技術・教師と子どもの関係を徹底分析する
そこから教育哲学は生まれた
『人間形成の論理』『ずれによる創造』『絶対から
　の自由』…
新しい哲学の予感　西田哲学の新系譜か
授業に展開する本音の葛藤　いきざまのドラマ
教師の生きがい　生業《いきわざ》を授ける授業の醍醐味
旺盛な教育実践理論創出

高度成長が教育の組織優先・効率優先を顕在化し
やる気・生きがいを失う　大量の信州教師を生み
出す
経験主義的授業と系統主義的授業の
統一を果たせない　授業職人の悔しさ　ひ弱さ
一時間を越えて子どもの成長をみる
カリキュラム的視野の萌芽
信州の教育社会が　視野狭窄の暗い季節
上田薫教育哲学は信州を後にする

砂漠のような学力テスト中心の学校に
マイケル・サンデル教授の講義が映る
その授業は　ソクラテスの産婆術をみるようだ
身近な問題から対立する意見をもとに
学生の生身のことばが　何が正義か論じあう
予想に反する意見にも　激情する意見にも
にこやかに討論の論題へ舵をきる

夕映えの北アルプスの山脈に想う
川合訓導事件…　もの言わぬ従順な教育界なのか
新教育の理想を失い　良心の牙を抜かれ

時流に流され　苦言は胸に納め
時の政策にゆるがない　教師の矜持がみえない
花のある校舎の片隅の教室に
丹念に子どもの心を感じ取り
授業を構築する教師は　孤立し絶望する
集団で同じ事をする　安心感が充満し
致命的な怠慢・不注意が横行する　学校を怒る
教師が精魂尽くす授業の　防波堤となるべき
学校・行政・教育団体の　責任は量りしれない
信州教育は　遠い過去のものではない
厳粛な人間形成をめざす授業に
生命をかける教師を　生命がけでまもり　そだてる
信州マグマが　喫緊なのだ
凝視する
地球を託する　信州の子どもたちは
密室で　地獄の授業を強いられている

教育の闇

邑内《むらうち》のうわさ話が
心に刺さる

中学三年の　Ｂ君
一日二時間　眼をあける
寝たきりの生活をしている
一年半余のシジマ

Ｂ君一年の十二月
体育の格技が原因…だとか
いじめにその技が…
格技で何かあったのか
学校も両親も　口を閉ざして
語ってくれない

どんな償いがあったのか
当事者たちは

本年　転任した

信州の教師は
矜持を持ち　過ちに潔かった

このままでは障害を背負う
B君に顔向けできない

ある中立人

インテリゲンチアは
日本の絶滅種になる
当世の異議中立人が消える
世間のあらゆるところに
資格者がいる
だが　人間の自由派は不在
資格者専門家は
異議を排除し

当世の権力を太らせる
耳あたりのよい情報を
マスコミは提供する
庶民の耳目をそらせ
巨悪の根源　一事の真理は
遠きものとなる

古老は語る
昔もいじめはある
親は　朝食を習慣化した
家族が　みな集まり
あったかいごはん
あついみそしる
つけもの　にもの　めざし…
あわてずよく嚙む
時に　子どもの話に耳を傾ける
朝ごはんをしっかり食べた子の
雪道の足跡は　日が照っても融けない
食べない子の足跡は融けて

いじめっ子が多い　と

悪霊を追い払う下駄の響き
踊りに憑かれたお囃子
神輿見物の雑踏に
巫女が泣きながら走っていく

大自然の触発

北極の空に
緑のカーテンがゆらぐ
地球の内部は
保護愛に燃えたぎっている

蒼い宝の海原
潮焼けした漁師が
居場所を追われる

ヒマラヤの
大河川の水源の氷河が
急速に融けている

信州名産の
真っ赤なリンゴが
消えるかも

福島の子どもは
大好きな故郷で
外遊びができない

釈迦　最期の言葉
　全てのものは　過ぎ去っていく
放逸を戒め　怠ることなく精進せよ　と
いま　ここに立つ
足元をみつめ　深く見えない
もう一つの実在界を予感する

予測を超える
不安を呼ぶ地震が続く
地底深く　マグマは蠕動し
地殻の大きな窪みに
向かって動いている

生命の砦

光の朝
体温を測る
標準三六度に
届かず三五度以下で
水銀は動かない

消えた放射能
ヨウ素一三一は半減期がわずか
福島第一原発爆発事故による
体内被曝がみえない

三月一五日　当時の官房長官は
「危険水準に達している
子どもさんはいらっしゃらない
というデーターになっている」と
志ある科学者が
被災の浪江町の要請で
手弁当の調査研究を一年余重ねて
その一部が見えてきた
初期被曝の成人の数値から
乳幼児の吸収は六三ミリシーベルトと推計する
この地域に流れたヨウ素ブルームは
チェルノブイリの十分の一と言うが
薄いといえない
甲状腺ガンの危険が推察できる
初期にヨウ素剤の服用を躊躇した
首長は悔やむ
原発放射能被曝研究調査は
緒についたばかり

＊ＮＨＫ「空白の初期被ばく」より

小松菜の
若緑の葉を
蝶の幼虫が
食べはじめる
若緑の葉は
小松菜の仲間に
急ぎ根を肥やせと
植物言語を送る

神経の戯れ

久しぶりに
あなたの差し出した手の
つめたさが
意外だった
テーブルの弥次郎兵衛が
バランスの不安定さを示している

窓からの光線も
白いクロッカスの鉢に届かない
快適な空調がおかしい
空気の味が違う
いつものモカコーヒーが
生温かった
視線は　なかなか正対せず
視点が定まらず
灰色の沈黙が続いている

一月前には
まるで別世界のような
高揚感があった
テーブルの弥次郎兵衛は
安定した顔をしている
太陽光線は部屋に満ちて
鉢の植物たちが歓喜している
対話は途切れることはなかった

体調異変だろうか
砂糖なしの
あなたのいれる
コーヒーを啜る
苦さの中に甘さを覚える

実存の感性

初夏の月が
鏡の海を照らす
雄島は　平安の頃　女性たちが
浄土の迎えを待つ島
松島の景色は　造花の天工
いづれの人か詞を尽くさむ
自然の風光に旅寝するようで
あやしきまで妙なる心地がする　と
句を残さず去る
ムサカリ絵馬の立石寺に到り
閑さや岩にしみ入る蝉の声
白装いで月山の頂に登り
　雲の峯幾つ崩れて月の山
彼岸此岸　神秘の交点を
詠んだのか

地震列島
五十余の原子力発電所建設を
もし　厳しく我慢していたら
原発放射能被曝は起らず
何十の図書館
何百の無料美術館　音楽堂
何千の森林児童公園…を実現し
日本人の心根が
きっと　蘇っただろう

木曾　奥千本の森
三百年のヒノキを伐り出す儀式
伝統伐採の三ツ紐伐りで

ヨキを三方から斜めに何度も入れる
三十メートルの幹が倒れたあと
年輪の詰まった伐り株の表面をみる
香りの漂う　すり鉢型のくぼみが
雨水や落ち葉がたまり
実生のヒノキが育つようにしている
山のあらゆるところに
カミが宿る
荒ぶる大地を鎮め
空の邪気を祓い
杣人はヒノキに祷り
己を強靭にする

現代人は
いま権現に感応し
暗闇から脱出できるのか

光のふるさと

明日があるから
希望があるから　と
五感に遮蔽幕をおろす
荒ぶる光が幕にふりそそぐ
強力さに幕はじっと耐える
遮蔽幕の内側に
柔らかい温かみのある光が渦巻く
連帯の生まれる予感がある

子を連れて西へ西へと
　逃げてゆく愚かな母と
　　言うならば言え　俵万智
光の見えない放射線に
どこまで逃げれば安住できるのか
安全神話の製作者たちは
その責任さえ取ろうとしない
民族の分れ道を

逆算思考で簡単に決めている
民意による日本の春は訪れるのか

宇宙の荒海に地球はある
一万年前の正確な星図が
アフガニスタン北部でみつかっている
古代人は天体によって生活した
暦も　神話も　部族間の統合も…
現代　やがて地球を襲う
激しい太陽風
激しい銀河宇宙線
無防備の人類に光はどこにあるのだろう

も　ひといき

息が　続くかぎり
いのちが　きらめくかぎり
言霊を　生むかぎり

閉塞に挑戦を　諦めない

富山湾から駿河湾まで
北・中央・南アルプスを登走する
四百余キロメートル八日以内の競技
N選手は　剣岳・槍ヶ岳・木曽駒ヶ岳を
順調に踏破する
しかし　南アルプス三伏峠小屋で
異変に襲われる
前回完走できない　悔しさが蘇える
微熱あり・咳あり・痰に少し血が混じる
担当医に電話相談する
高山病前兆症状の診断
断腸のリタイアを決断する
次回の競技会を期す笑顔

青い空に雲が流れ
窓辺の黄菊鉢に日が当たり
相克の心は　未だ定まらぬ

あの嶮しい山道を行くか
あの平らかな野道を行くか
思考が交錯している
深刻なことではない
当然のことをすればよい
組み伏せるが
すぐ争いが始まる
障壁は何か　エゴの好奇心か
障壁は何か　思索の怠惰か
葛藤の消耗には
決して　屈しない

視差を超越

顔は一つではない
人と人の関係は
不思議の世界にある
人と人の間の視差に
絶望して
いのちが火花を発する

二〇一三・三・一一
『阿武隈共和国』は独立宣言する
災害復興は遅遅
長老の強い怒り
故郷の山河を棄てろと
強要するなら
俺たちは国を棄ててもいい
国民は　六五歳以上
国旗は　一銭五厘の旗
国歌は　夢で逢いましょう…
汚染された大地に住み続け
自分たちが滅びていく姿を見せ
原子力の危険を知らしめる　と

信州の青空に
爆音が気になる

オスプレイ飛行のためか
加害者の人間尊重思想が見えない
多数決民主主義に頼れない
深刻な問題解決に
内面的な視差論議の探索がなく
世紀末的上下関係が
いつの間にか復活し
共存の感覚が限度を超える
常識を破る人間性の時代がきている

地底の叫び

念願の新都市交通道路
開発工事が中断している
埋蔵文化財調査のためだ
やがて　四車線の舗装道路は
車いっぱいに走るだろう

電車線路に向かう空間
丁寧に発掘された住居跡が
黒々した地底の叫びを吐き出している
平安時代の館跡のしたに
弥生後期の住宅が集まっていた
祭祀跡もみつかった
さらにそのしたに
縄文中期の住居跡が眠っていた

静かな空間に立つ
地底で交わされる会話が聞こえる
荘園の武将が　租税の多さをぼやく
赤い土器の国のころか
牧場の長は　倭王権の圧力が強くてという
ナウマン象を狩りする人たちの子孫
野尻湖人の細石研磨技術の高さを誇る
信濃川流域の火焔土器に
生きることの豊かさをかたる

埋蔵文化財は博物館に展示され
歴史愛好家に関心を集めている
しかし　発掘された
積年　地底に眠る叫びは
聴覚を失った
現代人に届いているのだろうか

霧の彼方

川霧が濃い
水面をのぼる
光のさす予感
いまを超えて
原初のときへの道程か

美の感動を誘う古代土偶
温かい丸みのある
縄文のビーナス　　中期

八頭瘦身の直線を秘めた
縄文の女神　　　　中期
精緻な中が空洞薄作りの
中空の土偶　　　　後期
自然精霊と一体の
有史以前のくらしをつくる
縄文人一万年の静謐な世界
　その後　稲　鉄　馬　仏教　漢字を手にする
　幾度かの渡来の子孫が島国を順次変える
　弥生の稲作は富所有の権力争いを産む

川霧が晴れ
渓谷に紅葉が映える
心の鏡が揺らぎ
自然精霊と交感が
少しずつよみがえる

究極の選択

苦い隠忍より
生まれるはずの
災害の楽園は
雑草の繁茂する
荒地のまま

沖縄の基地は
象徴する
太平洋戦争は
まだ終わっていない

疑似民主主義に
踊るピエロたちが
吐き出した闇の気流は
島国を覆い尽くす

理想倒れの
六三制の教育制度は
核心の
人格形成を見失う

しかし
究極の選択をのがれて
見識あるような
顔をしている

どうにもならない
どうぶつかり　どうもがいても
状況はかわらない
なにが正義なのか
人の群れの宿命をためらうのか
自己の弱さに正対する
道が残されている

第五詩集『風の沈黙』（二〇一六年刊）より

靴の音

生きる道は
親しき人との
決別に充ちている
分身を喪失した
無念の炎が
行く手をさえぎる
息絶えるまで
清冽大気となって
無念の炎をつつむ

悲しい哉
悲しい哉
悲しみが中の悲しみなり
哀しい哉
哀しい哉
復哀しい哉
悲しい哉
悲しい哉
重ねて悲しい哉
　悟りを開けばこの世の悲しみ
　驚きはすべて迷いの生み出す
　幻にすぎないことはわかっています
　それでも　あなたとの別れには
　涙を流さずにはいられません
　　＊空海　亡弟子智泉が為の達嚫《たつしん》

生きる道は
親しき人との
決別に充ちている
雑騒音の渦中にいて
森林の清閑時空が生きている
樹間に精霊がとびかい
旅人の靴音を待っている
倒れかけても

かすかな平安の地平に
たどり着くまで
靴音は消さない

善光寺そぞろあるき

お昼の鐘がきこえる
城山へ桜蕾の固い桜坂をのぼる
汗を抑えると
残雪の上信越の山脈が迫りくる

公園の陽だまりに
鳩が群れて
人を警戒せず動き回る
突然の恐怖に
十数羽が飛び立つ　ラジオが
欧州のテロ発生を流している

紅梅かおる　並ぶ句碑を声で読む
思ひよらぬ梅の花みて善光寺　井月
生きて仰ぐ空の高さよ赤蜻蛉　漱石
春風や牛にひかれて善光寺　一茶
すぐそこなくや信濃路のかっこう　山頭火

アセビの叢を庭園に入る
曲水の流れのほとりにすわる
散歩の犬が頭を寄せてくる
足元に蟻が一匹せわしげに動く
この地で　嘗て父母が手繋ぎしころを想う
本堂の東側に　東日本大震災犠牲方々
鎮魂おやこ地蔵尊のお堂に黙祷する
陸前高田の地蔵堂にも安置されている

撞木造り本堂の　急階段を上る
びんずる像を　おなでして
小宇宙を感ずる　本堂に立つ
親鸞さんも　ダライラマさんも

中央御三卿像左側に瑠璃壇
善光寺阿弥陀如来さん
ほほえむ亡き娘　父母　寂しげな亡き友
自然　人類の平安をいのる

秘仏阿弥陀如来像伝来の　由来は諸説ある
一説に仏教伝来は　縄文時代に遡る
長い年月をかけた渡来の人々によると
馬の文化をもつ高句麗系の人たちが
日本海　信濃千曲川を経て善光寺平へ
いのりの形を　土着の人たちに広げたか

足に任せ　仲見世通りに
制服の男子修学旅行高校生の歓声が広がる
大勧進で挙式の二人が
カメラに取り囲まれて　ゆっくり歩く
そば・ごはん・トンカツの
名物丸清弁当を注文する
八十八歳のおばあさんが

越後から嫁いできた苦労を語る
ふと長野の人　冷たい時もね
一代で名物そば店を築いて　いまも
生涯現役を貫く　笑顔がひかる

敷石参道を仁王門西側　大本願内の
良寛詩いしぶみ
漢詩「再游善光寺」の求道感慨が刻まれる
東側　白蓮坊の門前の
ムジナ灯篭の碑　相馬御風作の物語
生きものすべてに大慈悲を

中央通り交差点
参詣の人が寄っている
温みを抱いて人影の少ない
横町通りを岩石町へくだる
視線を上げると　浮遊する漂流物の空は
春の白い光が　満ちあふれる

意識の不透明

薄暗い路地で
記憶が途切れて
行き先を迷う
人影がない
家の明かりがない
街燈もない
視覚も聴覚も失って
触覚だけが蠕動している
自分がどこからきたのか
わからない
いま自分のいるところが
まるで判っていない
もう一人の自分が
消えている

超常現象をどう説明するか
宇宙を物質的なものとみて
物質以外のものは存在しない
しかし　この世界には単なる物理法則を
超えるものがある　意識の科学の
別の空間意識の要素が存在する
常識とは異なる方法で見る必要がある
意識は脳に植え付けられたものではない
意識は分子より小さい
重力空間に拘束されない自由に往来する
心臓が止まると意識は
僅かの時間　肉体を離れて活動している

絢爛な光に照らされた
ギリシャ的な世界を忘れ
漆黒の闇に塗られた
地獄の世界を忘れ
今いる空間の薄暗がりが
妙に触覚に溶け合い
勝手な想念と理屈が
追い駆けている

人と人の間を遠ざけて
視野を限りなく縮める
聴野を限りなく縮める
しかし　無の世界には届かない
意識は限りなく駆け巡る

満月が太陽を嫌っている

まぶしい光が照り
梅雨の雨水を含んだ緑の大地が
湿気を吐き出している
亜熱帯気候に変わりつつある
天空の昼の星座は
予兆の告示を発している
民の幸は予測された
天災人災に葬られ
危機の時が流れている

かつて　禁止した強欲搾取は
深刻な事態を生んでいる
企業的社会を形成する国家は
民の人権　文化　生活を忘れ
利権的国家に向かう
マルクスは資本家の悪業を衝き
人間精神の荒廃を警告する

民の尊厳　天国が失われれば
磨き合うべき煉獄から
のがれようとする民は
地獄の入り口へ急ぐ
束の間の安逸に
我を忘れ　時を過ごす
制御できない人間の欲望に
現実主義者の民は
不安定のなかに　安定を生み出す
少年時代に聞いた
古いゼンマイ式柱時計が

漸くよみがえる
夜に入り　きこえる
振り子の律儀な音色
時報を伝える和やかな音色
眼の世界に圧倒され
忘れかけていた耳の世界
遥かな音の記憶がわきあがる
満月が梅雨雲を透して訊く
太陰暦を知っていますか
明治政府は　民に伝わる
東洋の精神文化の象徴
陰の時間軸を
西洋の科学文明の象徴
陽の時間軸に変えたことを
太陽を抱く満月の暦は
不可能なのですか

気張り

山の畑へ　肥料を
二輪車で祖父と運ぶ
急坂に　何度も
退き降ろされる
じっと　耐えて
二輪車を曳きあげる
樹林の先が開墾地
やっと　耕された
広い畑につく
うまい水を飲む
さあ　馬鈴薯の
植え付け開始
　何十年も前のこと

藍染めの
藍は　大甕のなかで
食べ物と適温に援けられ

ゆっくり　熟成する
藍の花が
甕の表面に咲き始める
藍の花たちは
小さなかたまりから
甕の表面いっぱいに広がる
藍染めの時がきた
絹糸をひきあげる
緑色の輝きが
空気にふれ　潔い藍色にかわる

藍は　甕のなかで老いていく
あとひと月のいのち
甕に藍の花はない
カメノゾキの薄銀色ができるか
＊いのちの色で糸を染める　志村ふくみ

山は黙して動かず
かつて　山は噴火して叫び
山容を激動させ
噴出した溶岩流は
幾重にも堆積して
広大な山岳をつくる
いま　日本列島の
休火山が蘇ろうとしている
宇宙的意志が　きっと
地球内部に宿っている
人間体内のマグマは
休眠状態にあるのか

葛の葉

夏の終わり
冷たい葛餅を
口に含む
軟らかい感触がのこる

阿部保名の妻葛の葉は
子を儲ける
出生が知れて
和泉国の国栖にかえる
わが子への想いが
哀しみを重ね続け
信太の森の
うらみ葛の葉と伝わる
後に子清明は母と再会する

静けさの山道
緑濃い葉のなかに
クズの赤紫の花が咲く
折しも吹く澄みきった
風に煽られて
クズの葉の裏見が
白々と焼きつく
蒼き山の繁茂の
溜息がみえる

信太の森の
葛の葉がみえる

クズの根からとる
澱粉で作る葛餅は
祖母の風味がする
中空の月の笑みにさそわれ
少年と少女はおかわりをする
葛の葉も飲み込まれていく

月うさぎ

突如　教室に
親怪物が
竜巻を起こす
子どもが消える
机　椅子が消える
先生が　ひとり

残される

寄ってたかって
身ぐるみ
剝がされ
因幡の素兎同様
心は丸裸となり
茶壷のように蹲る
気づくと
月うさぎが
抱きかかえている
あなたのためなら
身を投じられるかも

鋭いアオマツムシの
鳴き声に
月は冴えている
真只中を　生きろ
互いのいのちを　拝みあえ

内からのひかりを発信せよ

百日紅の花

ことしは　夏日が
五月からはじまった
じりじり　照りつける太陽は
過酷すぎる苦難をあぶりだす
七十年前の　あの日
桃色の百日紅の花は
熱気にめげず　堂々と　庭に咲いていた
激戦　南の島で戦死した
従兄の笑顔がみえる
蟬取りに　さそってくれた　にいさん!

アジアの大陸に　大海に
大空に　焼土の本土に
三百余万の方々の

御霊魂は　安らかに
眠っておられますか

再び　おとずれる
冷戦の気配
くりかえさせない
歴史をみつめ
凛と　百日紅の花を育てる

風の又四郎

ドッドド　ドドウド
風の又四郎が
市街地にやってくる
夏祭りの季節
社の森から太鼓が招く
祭りの屋台店に群がった子どもたちが
緑の三角帽子と黄色のマント姿に

騒めきたてる
好奇満面の子どもが
黄色のマントに触れた途端
ドッドド　ドドウド
その姿が消える

子どもたちは　異様な少年を探し回る
三角帽子とマントの少年は
金魚すくいの屋台にいる
金魚が吸い寄せられる
好奇満面の子どもたち
日本という一蓮托生の小舟に乗って
偶然の荒波をかき分ける
子ども神輿に歓声が上がる
突然　子どもたちが一列に
姿勢よく歩調をとる
タッタ　タッタ　タッタ
先頭は　緑の三角帽子と黄色のマント姿
「東北のあなたへ元気を」の幟を

高く掲げている
周りの大人たちが大拍手　ひそひそばなし
ドッドド　ドドウド

兄　又三郎と別れた
飯綱山頂に　又四郎は面を外して
銀河鉄道の列車を待っている
緑の三角帽子と黄色のマント姿が
列車の窓に映る　リュートの調べ
　アンドロメダのくもは
さかなのくちのかたち
おおぐまのあしのきた
いつつのばしたところ
こぐまのひたひのうへは
そらのめぐりのめあて
　＊宮沢賢治「星めぐりの歌」（『校本宮沢賢治全集』より）

次の星へ疾走　又来るね

夜空の幻光

夏の夜空は
満天の星たちが囁く
ヒミコは
巨大なライマンα天体
地球から一二九億光年の彼方にある
日本の研究者大内正巳が発見
宇宙初期の大構造
最も遠い銀河団の存在を証し
銀河団は暗黒物質の中で形成される　と
宇宙初期に成長した
銀河やブラックホールが証され
従来の　小天体の重力集合による
大天体や宇宙形成論が転換するだろう
流れ星がヒミコの方に消える
眼や望遠鏡では見えない

金星人は　新しい肉体を

得るためには
時期が来ると喜んで
古い衣服　老化した
肉体を脱ぎ捨てます
死という現象を
彼らは恐れません
宇宙の絶え間なき変化の状態を
知っているからです
彼らが他の惑星に移動するときは
その惑星の作る肉体が与えられます
意識は十五回余生まれ変わる
全宇宙が舞台になっている

卑弥呼は
古代邪馬台国女王を六十年執る
二四七年三月二十四日夕方北部九州で
皆既日食が起こる
卑弥呼の死に関係する
日食が原因で卑弥呼は殺され
壱与が即位した　と
卑弥呼は
アマテラスオオミカミか
熊襲の女酋長か
ヤマトトトヒモモソヒメノミコト
孝霊天皇の皇女も注目されている
星々の囁きが続く
宇宙の誕生　生命の連続
未来人の謎を想い描く

確かなもの

真理が言えない
誰かに聴いてほしい
しかし真理は禁句
それが軽々と
気流にのって
翔けまわる

太宰治は
異郷の孤独と病苦に苛まれ
退廃的な作品を書きながら
同世代の作家の中で
最も神を求めた人　と
敗者の祈りを残して
玉川上水に二人の生命を絶つ
　みんないやしい　欲張りばかり
　井伏さんは悪人です
　　妻宛の太宰治の遺書
　奥様すみません
　修治（治）さんは肺結核で左の肺に
　二度めの水が溜まり　この頃では
　痛い痛いと仰言るの　もうだめなのです
　みんなしていじめ殺すのです
　いつも泣いていました
　　六月十三日　山崎富栄の日記

山の端に昇る
満月がじっと見つめる
突然一気に近づく
意識が途切れる
大きな天体が己の心を
柔かく抱きかかえる
己の心内に暖色の天体が
煌々と入ってくる
瞑想交感がおこる
一瞬ふれる
イーハトーブの光と風
宇宙の根源力に

森の宝石

八ヶ岳南麓九百米の豊かな里山
名高いオオムラサキの生息地
小学三年生が毎年

囲われた雑木林で
幻の蝶を育て続けている
子どもたちの人気は
木の小枝を這う幼虫
そっと指を触れる
角をだし小さな目をむける
顔の愛らしさ
羽化のときを迎える
背中から頭が出て
羽　腹　脚かそろって
ムラサキの紋様の鮮やかさに
歓声をあげる
竹籠に入れたオオムラサキを
エノキの植林の森へ放つ
　バイバイ　がんばるんだよ

オオムラサキを大好きなおじいさんが
植えたエノキの林にある
「国蝶の宿」は閉じられている

ウグイスの鳴く　一人暮らす
おばあさんの家の庭に
おじいさんを連れて
オオムラサキが
今日もやってくる
庭の小石に止まる
おばあさんが手をさしのべる
右手の指先に乗り移る
　あなたはどちらにとびますか
おばあさんの声に　オオムラサキは
しばらく羽を止めて
故郷の森へ飛び立っていく

秋の語らい

ヒマワリが　黙って去っていく
コスモスと仲良しになったのに
実の詰まったヒマワリは

縁側に干されている
コスモスは語りかけたい気持ちを抑え
福島の東風と向き合っている

正義を通さない岩がある
科学者は人間の顔をもて

『ラッセル・アインシュタイン宣言』　一九五五
『第一回パグウォッシュ科学者会議』　一九五七
全ての核兵器・戦争の廃絶を訴える
科学者による国際会議
　アインシュタインの呼びかけは
ルーズベルト大統領に
　原爆開発を進言した行為の反省・悔恨がある
『科学者京都会議』　一九六二
パグウォッシュ宣言の精神に共感者が集まる
国籍・イデオロギーの相違をこえ
「全体的破壊を避けるという目標は
　他のあらゆる目標に優位しなければならぬ」
　真剣な討議を行い意見一致に達する
　科学の成果の誤用・悪用を防ぐ
　核兵器による戦争抑止政策は戦争の廃絶に逆行
　　核兵器実験禁止協定が早く結ばれること

かつて　近代科学が唯物論を信じ真偽の基準とし
人間の動物化が今日の破局を招く
絶対悪と科学の喜悦との連結がみえない
懺悔が出てくる基底がみえない
自己懺悔　自己告白　罪の自己意識がみえない

アキアカネがコスモスに語りかける
トンボの仲間が少なくなったね
見慣れない草花が増えたね
セシウム汚染で
キノコ採りができないよ
大津波で浮遊する霊魂はどう言うだろうね
二〇一五年秋　日本広島で
パグウォッシュ科学者会議がひらかれる

コスモスは　黙って
福島の東風と向き合っている

*『科学者の社会的責任についての覚書』唐木順三（一九八〇）

真生命 ―此岸から彼岸へ―

満天の紅い葉は
一朝の霜で　木枝から
地上を敷きつめる
十人も百人もの人間を
亡き者にする力の存在がある
弱弱しい羽動の
白蝶は紅葉と　自然のカオスへ逝くのだろう

彗星は　大災害の前触れとされ
その出現を恐れられていた
秦始皇帝のハレー彗星を見た記録　ＢＣ二四〇
日本書紀の彗星が見えると飢饉になる記録　六三九

アイソン彗星は
太陽系際最外縁の
太陽誕生の時に形成された
オールトの雲から生まれ
四十億年前　太陽系内部への旅に出た
直径数百メートル　核は氷と塵　ガス放出　尾が伸
　びて明るい
ロシアの科学者らが　二〇一二・九・二一
十億キロはなれた木星の近くで発見
太陽へまっしぐら　最接近の時を刻む
イオンの尾を引く妖精に魅せられた地球人の眼が集
　中
太陽表面六千度の強熱にあぶられて
アイソン彗星は崩壊した　二〇一三・一一・三〇
破片の細粒子は　太陽系宇宙を横断して
四十億年かけて
故郷のオールトの雲へ還っていくのだろう

去り逝く人

再び　生きて還ることのない人に
何を語るべきか
息詰まり　言葉が出ない
それは　和顔のなかに凛としたうらやかな顔
言葉がなくとも　姿がなくとも
大地にひざまずき
天空の庭園を目指し登攀
平和を信条　裏方仕事に徹する
その魂は　此世を超えて
遥かなる創世の源泉へ向かうのだろう

水の神秘

槍ヶ岳槍沢谷に
梓川の源流を探る
一時の夏を　シナノキンバイ
ハクサンイチゲの花が惜しんでいる
雪渓の登り口を迂回する

万年雪からしたたる滴が輝く
細い清く澄む豊かな流れがはじまる

月面よりみる地球の出
水の惑星地球は
広大な暗黒に浮かぶ
水は雨雪の母に生まれ成長する生命体だ
生物に適した水　大自然がつくる水は
天然の液体　土壌鉱物　微生物の絶妙な三位一体を
示す
水は千億分の一秒で激しく集合離散し渦巻く
このラセン形は混沌から秩序を生み出す
流体エネルギー本来の姿　水は生きている
自然　環境を　正常化活性化させる働きを担う
もし　環境　生態系の均衡を崩せば
地球の血液は　疲れ果て　死の水となり
すべての生物は　絶滅の道をたどるだろう
構造が損なわれた水は　負のエネルギーを帯びて
人間に劣化をもたらし　現実社会での

道徳的　精神的　霊的な安寧に悪影響を与える
現代科学は　宇宙や人間の真相に気づかず
見えない世界の宇宙エネルギー超微粒子を認めない
物質文明が　行詰まっている現在に気づかない　と
＊シャウベルガー博士

水流は人工の毒を運ぶ
足尾銅山の鉱毒　水俣工場排水の有機水銀中毒
福島原発海水の放射能被曝　人間を襲う
しかし　一人合点の人間は
朝光一時　洗面器に水を張り洗顔洗心
炎天　渇いた喉を水道水が潤す
時に　格別の期待を飲むミネラルウォーター
人間は水の正体を　ハカリエテイナイが
ハカリエテイルと満足している
水道水　地下水は無尽蔵ではない
浄化による水の　極度疲労はみえていない
地球の水は　天空からの戴き物
人間だけが　勝手に独占してよいのか
現代人は　地球の水の見えない世界に
眼を凝らす　時代ではないのか

大雪幻夢

炬燵の上に
画集が開いたまま
嶺より降り続く雪に
閉じ込められる
頭から離れない
クロード・モネの『ラ・ジャポネーズ』
印象派の風景画家が
なぜ　人物画を描いたのだろう
二三一×一四二　等身大の
女性は　手に扇をかざし
日本の着物を纏い
振り返り　嫣然と挑むほほ笑み

着物は　赤地の幅広の厚い打掛
その全体に　紅葉が散り
後ろ側に　青地刺繍　抜刀の憤怒武者
背景の壁面　床の莫蓙に
浮世絵の団扇が配されている
主人公の女性は　モネの妻カミーユ　紅葉か
視線正面は　打掛のもみじと武者に注がれる
鬼女紅葉と武者は　能　歌舞伎　浮世絵に伝承
歌川国芳の弟子月岡芳年が描く
「平惟茂戸隠山鬼女退治之図」は
打掛の意匠と合致する　と
一八七六　モネ三十六歳の作品
パリの第二回印象派展に出展
当時　かなり不評であったが
一八七九　第四回印象派展に再度出展
モネは浮世絵を愛好していた
なぜ　印象派らしくない絵を出展したのだろう
粉雪は音もなく降り続いている

追われる雪女姿の紅葉姫が訪れるか
炬燵の炭火の温もりに
亡き父母の言葉を聞く
床の間の恵比寿大黒像をみる　骨董
突如　打掛の模様がよみがえる
骨董《がらくた》さ　きまぐれにすぎんのだよ
モネは画商に語ったという
こんな小物にも美がある　収集の誇示なのか
世間のジャポニスム流行　皮肉を込めたのか
光の表現を生む素晴らしい眼　深淵は果て無い
美の自由な戯れ　何時共有できるのだろう
大雪の向こう南太平洋岸　大津波が迫っている

＊モネと日本趣味　横山　昭

生き暮れて

雪代の千曲　淡白濁の清流
百花繚乱　堤の桜並木

北アルプス連峰残雪が夕茜に映え
透明空間に　ひとりたたずむ
黄昏の静寂のかなたから
胸の奥を　強くたたく音がする
太陽の風　地底の流れ　花開く産声が
時代の吐息を　超えている

広大な海原を　漂流する
海の中に　桃花咲き
菜の花のじゅうたんの明るさが
懐かしさをかきたてる
赤い土器の国　浅川扇状地の集落が招く
夜通し　赤児誕生を祝い
謡う　踊る　楽器の音　素朴な料理と酒
集落総出　大きな焚火を囲む
待望の熱狂が　心地よく渦巻く
隣の集落　古老の弔いに入る
すすり泣き　悲しみにあふれ
巫女に導かれて　墳墓にぬかずく

赤い土器が　数多く並べられ
一際大きい赤い三十センチの壺の
精緻な二重口蓋が　眼を引く
どんな想いが込められているのか
座して敬虔に頭をたれる　集落の人々は
赤い二重口縁の壺を　凝視する
やがて　巫女は赤い壺を墓の頭部に捧げる
しはぶきも聴こえない
海水の快いぬめりに浸り
生命の海藻につつまれ
時には　鼓動がたかまり
おどりでるような勢い
どこからか　生死を逃れるあえぎが漏れる

千曲川の黄昏の静寂のかなたに
自分の命が最高価値とした
巨大なマグマが現前としている
命がけの行動を嫌悪する
近代は「狂気を檻に閉じ込めた」

人間の価値は「いのち」との関連で決まる
それは　自分中心の損得に生きることなのか
人間には　必ずお迎えがやってくる
どのように　何のために終りにするか
人生の最大問題を背負う
終末を嫌がり　損を嫌がり
唯生きたがり　泣きながらの最期を想う
損得に左右されない
平凡な人生にも　確固が
一つだけあると実感したい
身近に先達がいることを忘れている
高被曝に耐えて原発廃炉作業に
暮らしのために取り組む人たちが
覚悟に死し　結果に生を得ることを
黙々と行っている

ウツになったもん勝ち

里山に近い　古い小学校で
ベテランのK先生は
親怪物の攻撃の罠にかかる
思いがけない親子の
担任不信に動揺する
同僚も上司も
三か月になっても救援はない
何も手につかない
自分がどうするかわからない
ついに　闇の世界に入る

人間の歴史は
ウツの必然を語っている
狩猟時代には
獲物を平等に分け合う
集団にはウツはなかった
農耕時代には
農産物の所有　権力の強大化
貧富の格差拡大　倫理の低下

人の心を傷つけあう生活に移り
ウツは発生した
人の脳には　記憶の海馬に
影響を与える扁桃体がある
扁桃体は恐怖嫌悪に強く反応し
海馬に情報を刻む
人は社会から閉ざされる

十余年経て元気を取り戻したK先生
授業づくりに集中していた
偶然　以前の親怪物に街中で出会う
再び闇の世界に引き込まれ
視野が暗く　気力を消失する
重苦しい体をゴロゴロさせ
夜は頭が冴えて眠れない
再び　学校を休んで数か月の暗闇
心身に任せる生活をするしかない
家族　医師　校長の親身な支えに
少しずつ自分を回復している

療養休明け　登校を前の葉書に
　お話が心のお腹を
　満たしてくれました
　ウツになり辛かったが
　回復してきて今想うことは
　「ウツになったもん勝ち」
　ということです
　生き方が変わりそうです
　授業が変わりそうです
　自分に期待してしまいます　K
晩秋の闇に
閉塞を超える光がみえる
新たな地球観に向かっている

くりかえさせない

千曲川を臨む
山里に深紅の

時がめぐってくる
原発事故汚染の言伝て
恆例のキノコ採りができない
馴染めない爆音が
宙を横切っていく
紅葉を愛でる余裕が生じない
ヤマトの行方が案じられる

嘗て　巨大強権が渦巻く時があった
古代国家統一のころ　東アジアは緊張関係にある
白村江の大敗戦は　予見されていた
史書の三つの凶事
信濃国の蝿大発生　百済救援軍船の異常
広く謡われた敗戦を想定する童謡《わざうた》
海戦は堅陣軍船を攻め　左右から挟まれ　唐水軍に
　敗れ
童謡を謡った妻子を残し　錦江河口海底に消える
　二万余のヤマト兵士
幕末フィクサーの錦旗クーデター
公家の摂関政治の撤去
武士の幕藩政治の壊滅
近代に抗い埋没する無名の志は解かれていない
富国強兵強権の肥大化　教育が人を縛る　事実を知
　らせず
拡大する戦争へ　無辜の自由と生命を奪う三百余万
現人神宣言の敗戦　平和民主憲法が生まれる
個人の自由意思　権力の仁愛を経験する
しかし　揺り戻しが現代に　目隠しが急速に渦巻く

千曲川を臨む
山里に広がる
とがめだての気配
あの一言が気になる
否　が言えない
愚直を超えるまともな智慧と人格
主権在民は巨大強権に弱い
後世の人々を落胆させてはならない
豊葦原の小舟の舵手は誰か

時の流れに埋もれた
無念の先達の手を握るのは誰か
心を刺す数の魔力を凝視し
毒気を抜き取るのは誰か
歴史はくりかえす
否！
歴史はくりかえさせない

活断層を抱えて

天の使い山鳩は
急峻の嶺を超えて
上信越連山を望む
早春近き雑木林の小枝に留まる
かつて　目前の広大な住宅街は
山里の原形だった
現代風の住宅が並び
コンクリートの建築も見える
植栽はわずか　樹木が少なく息苦しい
道路を行く人々の表情は
個人の生活満足に追われている
山鳩の眼に地中に潜む活断層がみえる
先を恐れない生活があるのだろうか

思わず新聞文芸欄の批評をみる
　生き残っただけでも死者を傷つける
　　碑をまへにして額づくさへも
何をしても被災者を傷つけてしまう
安易に結論を出さず迷い思索する
　履歴書の学歴欄を埋めていく
　　春の出来事ばかり重ねて
この歌の世界と震災後の世界の
あまりに大きな断絶に驚く
これは日本の深い分裂を
反映しているのではないか　　＊歌人吉川宏志
日本列島地中は
活断層が網の目のように走り

過去百数十万年間のずれは昔のこと
未知の将来は安心を先行させせて今を生きる
惑星の地球上では
亀裂の恐怖が深刻を超えている

天の使い山鳩は
市街地を離れ　高く翔る
高原の参道杉巨木の梢に留まる
残雪の杉並木の神秘をみつめる
社のご神体は　戸隠山
中世は　三千坊が建ち
修験道の大道場がある
山中修行による呪力の獲得
自然との一体化の行をする
今も明治初　廃仏毀釈の傷跡が残る
宿坊には　表座敷に神を奉祀する
裏の押入れには仏壇が納められている
相容れない神仏両立の作法に
隠れた輝く知恵をみる

地球の時流は　激しく緩やか
潜在する亀裂を超え
生き延びを念ずる

天の筋書き

朝光の部屋に
受像機を点す
堰を切る情報の滝が
脳を疑いもなく染め尽す
青空の白雲は目に入らない
映像に心を預ける
滝壷化し無批判の自分がいる
春の小鳥がしきりと信号を送っている

全聾者の作曲家になりきるS氏
「現代のベートーベン」英雄扱い
陰の作曲家が出現し

某放送の看板番組　視聴者に陳謝する
なぜ　長時間取材で嘘が見抜けないのか
有能な報道陣の劣化か
面倒を避け良心に背を向け
あくまで筋書きを制作する空気があったのか
＊ジャーナリスト小林和夫

T電力狙い撃ちの予告　二〇〇二
原子力技術の支配を削ぐ
原発耐震研究所を廃止　二〇〇五
原子力発電技術開発を大幅に遅延
A政権出現の予告　二〇〇二
保守的外交政策　民衆の排外感情
膨大な軍事費の増額　集団的自衛権の青写真
孫子の謀略か　報告書は某国組織の筋書きだ
＊財界展望2002

夜の闇が家並を包む
夕餉に合わせて　受像機を点す
今日の報道が流れる
どの局の報道も取材源の違いはみえない

予想もできない筋書きが
日常生活に深く食い込み
潜んでいるかもしれない
夜半を過ぎ
東天　上信越連峰に向け
春の天の川が和音を奏でる
「市民社会　民主主義」の熱意が
はるか　淡い虚無感にかすみ
遠くに逃げていくように感ずる
これが天の筋書きだろうか

黒姫山物語　―ヒスイ伝―

真夏の青空をみつめる
焼けつく　ひりひりうずく
国家怪物の幻影が重なる
信越に聳える三つの黒姫山を結ぶエリアに
有史前のヒスイ伝承があるときく

糸魚川黒姫山麓は　狩猟人の拠点か
中期縄文五千年前　原石を割り　縁をたたき
形を整え　砥石で研磨し　穴をあける　長さ五セン
　チ
奴国の硬玉　ヒスイ大珠作りの最盛期にある
長者ヶ原遺跡は　製作と流通の重要な拠点
ヌナカワ郷の一隅か　日本海交易の賑わいが浮ぶ
大珠作りは　縄文初期より続く　石斧作り法や
北海道東北の穴をあけ擦切技法が　基になっている
硬玉洗練は　人との交流を生み　言葉を発達させる
縄文ヒスイは　北海道礼文島　東北三内丸山
信濃茅野　東日本各地の遺跡から出土する
直心を呼ぶ　ヒスイみどり　精霊の永遠を示す硬玉
崇敬され　ムラの集いに用いられただろう
土器　土偶をつくる縄文人の内面は深い
　ぬなかはの底なる玉　求めて得し玉かも
　拾ひて得し玉かも　あたらしき君が老ゆらく惜し
　も

＊ぬなかわの底に　やっと探し求めた硬玉な
　のだ
　かけがえのない尊い硬玉が老いていくのは
　惜しい
万葉集に縄文ヒスイの消えていく片鱗がみえる
遺跡の近くに　ヒメを祀る奴奈川神社がある
今も　大珠女王の奴奈川姫と子建御名方命の像は
西海の出雲を臨んで建っている

上越平野の北東　黒姫山が米山に連なる
中期弥生二千二百年前　舟運の中心の吹上遺跡
広大な扇状地に　渡来の稲作人　鉄工人も集い
原石を糸魚川から運び　列島有数のヒスイ勾玉管玉
の
工房群　竪穴集落跡　新ヌナカワ郷の繁栄が眼に浮
ぶ
勾玉の加工技法は　飛躍的に進歩する
小型化し　不滅の生命を示す胎児形を生み出す
弥生勾玉は装身具として　北九州　出雲

中国地方の各地　朝鮮半島南部の遺跡からも出土する
吹上遺跡から　渡来系のベンガラ塗土器が出ている
土器の赤色は　火の色　太陽の色　復活の色
邪悪を排し安寧をもたらすものとする
縄文人が愛でた霊魂ヒスイみどりは
弥生人の装飾品へ転換を予期させる
伝承は　后奴奈川姫は東麓の大鍾乳洞で
勾玉の首飾りをつけて機織する　山頂に石祠がある
野尻湖東岸　北信濃黒姫山に夕陽が輝く
この山麓はヒスイの伝承はみえないが
後期旧石器三万年前　野尻湖南　日向林B遺跡から
環状ブロック群等九千一点の石器
蛇紋岩の局部磨製を含む斧形石器六十点　国内最多
高い完成度の黒曜石刃のある台形石器　貝殻状
刀器は
一千点を超え　旺盛な細石刃技法の曙光を感じる
野尻湖人の祖先は　新人クロマニオンか

ナウマン象を追って日本列島にやってきたのか
謎の象牙　十六センチの骨角器　ビーナスにみえる
石刃技法・ナイフ形石器文化は　農耕牧畜を生む
細石刃文化へ進む　野尻湖人技術の沸騰がみえる
この技術文化は　縄文　弥生時代に受け継がれる
山麓の多くの神社は　大国主命　建御名方命を祀る
出雲神話　出雲王朝拡張を背景に
大国主命は　妻問い　女王奴奈川姫を后とし
ヒスイと一体となる　子建御名方命に国造りを託す
高天原神話　国譲りの敗者建御名方命はなく
母と別れ　姫川安曇野を経て　諏訪に定住する実像は
稲作クニの無益な流血を回避する　決断ではないか
有史前　三黒姫山を囲むエリアは　旧石器の細石刃
縄文の大珠　弥生の勾玉　時の技術集中を育む
縄文人崇敬のヒスイみどりは　万物成長の太陽光
慈しみ　他者を敬愛する心を象徴している
二三九年　卑弥呼は　親魏倭国王となる

大青玉を魏に献ず「鬼道を事とし能く衆を惑わす」
霊媒的呪術師ではなく「鬼道を以て民を救う」
鬼道はヒスイみどり農耕神　五月に種を撒き終り
「鬼神を祭り　群衆は歌舞　飲酒」する
時流は　鏡　剣に惹かれていく
勾玉は神器の一種になる　奈良の社は
勾玉が　稲作クニ造り大国主命の霊代と伝える
密かに　三種に　宗教　軍事　政治が封印された
鏡と剣の脅威を鎮めるのは　勾玉の力か
現代人に　ヒスイみどりを心深く感得できるか

夏の雷雨が
敗戦の日を呼び覚ます
国が破れて
クニの姿の起源を問う機会だ
荒れた山河に生きる心に
何が遺っていたのか
あのトキより
鏡によらず　剣をふるわず
勾玉の和が　受け継がれていく

＊万葉集巻十三巻三二四七作者不詳・糸魚川市長者ヶ原考古館資料
・上越市教育委員会「史跡斐太遺跡群の概要」
・日本旧石器学会「日向林Ｂ遺跡」・野尻湖ナウマンゾウ博物館資料
・『魏志』倭人伝東夷伝・鈴木靖民『倭国史の展開と東アジア』より

かげりにひかり

叩き付けるような雨が
山里に五日も降り続く
人は少しずつ
身の回りに　神経が働き始める
谷川の水音が　石のぶつかる鈍音に

消されていく
外界と遮断され　尖った脳天が
切れたアンテナを繋ぐ

東大寺大仏の頭部落下　大和国地震　ＢＣ八五五
史上最大の　富士山大噴火　八六四
阪神大震災を上回る　播磨国地震　八六八
三陸沖の千年に一度の　貞観地震津波　八六九
相模トラフの　元慶地震　八七八
南海トラフの　仁和の大地震　八八七
華麗な王朝文化の陰で　大災害　飢饉
疫病が　幾多の生命を奪う　地獄絵の世界
生きる者は　艱難の時を耐え　次時代鎌倉を築く
地震考古学者は語る　九世紀の日本は
地震噴火が続く　大災害時代
東日本巨大震災後に　南海トラフの地震が
迫るいま　酷似の地中状況がある
雨雲が少しずつ消え

山里に初秋の風が流れ
若い娘が逝った山家の庭に
白い朝顔が数えきれない
里人が足を止めて　一輪一輪の
清純の願いを　じっとみつめる
　やり残したことがあります
　弱い立場の人たちに
　手をかしてください
谷川の水音が激しい
この国の　怖ろしき格差の火を
いかに消すか　自然と仲良く　隣国と和し
全ての人が　幸せに生きる
基軸転換の　小さな流れが生まれる

欲動の行方

にこやかな笑顔
よどんだ空気が入れかわる

ひそかな日色の気質があふれ
信頼のロマンを夢みる
こわばった怒り顔
冷たい空気に入れかわる
凍りつく暗闇の気質がうごめき
防御の激しい憎悪を燃やす
あわいの苦悩は絶えずくりかえす
かつて　戒壇を
ソグド人の碧眼の僧侶らが設けた
縄文弥生期を経た　奈良の人々は
「吾が仏尊し」を脱し　救われたのか

山あいに　小鳥が飛び立つ
静寂が続く　小学校の教室が　わいている
　一年生と保育園児の交流活動
ことばまえの体ごとのぶつかり合い
相手ができると　十二組のペアが　移動して
二人が机を並べる　ひらがなで名前を書こう
書く順番に数字を入れ　ハネルトメルを示したり

　一年生が園児の鉛筆の動きに合わせている
コレデイイ　と顔を見合わせ　ニッコリ
世界一　学力向上強化施策が
園児交流学習を消していく
先生の篤い心が　この子へ　この子から　その
　子へ
その子から　あの子へ　あの子から　先生へ
　連なる豊かな人と人の絆体験
個々の教師の力は弱い
このクニの人間形成の地盤が切断されていく
腸からしぼりだす無念の波動は何処に向かうのか

時の刃に人は　不条理の合理に
刻々と　いのちを削り　時に献ずる
地球上の均衡は　何処かの紛争によって
他の平穏が成り立っているのか
限られた情報は地球をつつむ
殺し合いは局所では終わらない
対立は　極限に武力衝突を誘発する

あわいの苦悩を超え　新地球時代を拓く
国境人種を乗り越え　医療　教育　農業の支援が
戦闘地域の被害者へ　命がけの行為が続く
「ダイヤモンドより平和を」　報道は僅少

人間の理性が及ばない　無意識の世界
生の欲動にからみつく
死の欲動が増殖している
よりかかる抑圧の流動を破り　行動が顕われる
このクニの深層に何が育っているのか
みつめるときにある

風のひとり遊び

親に戒められたその子は
サンタの来ない夜を　じっと過ごす
星くずの宙の風にのって　小さな情けの火が
チョロチョロ　凍りついた柊の花を
懐かしみ　とんでいく
童心にやきついた　温泉湯気に透かせて
白い裸形が浮ぶ
古代黒い太陽に祈る女神は　存するか

桃山期　新しき風を生む師弟　既成を破る対照的美
　意識
秀吉の命で　京都追放　堺自宅謹慎に発つ
師千利休を　淀舟着場に古田織部がみおくる
侘茶を受止め　心が自由な造形　やがて
焼物茶室庭は　織部好みが流行する
満身創痍の水差破袋　歪みと抽象画の沓茶碗
師の「ならひのなきを　極意とする」を継ぐ
ヘウケモノ　天下に反抗せる　と評される
豊臣滅亡後　家康の命で端然と命を絶つ
江戸期　織部焼は姿を消す　しかし
「御所丸茶碗　銘古田高麗」が遺る
朝鮮出兵のさなか　文人武将織部は
肥前名護屋城にあって　朝鮮南部の白土を知り

密かに渡海し　金海の窯人とつくったか
夜の杯を置き翁はつぶやく　一票格差はのう選挙無
　効だじぃ
雪降りの投票カラクリはなぁ　半数の無籍者をつ
　くってさぁ
デモクラ面をかぶって　四分の一の奇襲票だでぇ
百年の計は思いのまんまさね　また過ちの道を行く
　んかのぅ
本物保守はなぁ　永久にさ　微調整するもんだにぃ
「人民が自由なのは選挙の時だけ終れば奴隷にな
　る」　＊ジャン・J・ルソー
ああ　本気をもとめず　冬眠に入るかのう
雪風が　翁の血をはく言の葉を運んでいく
遠くオカリナの曲にのって　母の声がきこえる
　世界一にならなくてもよい　お腹いっぱい白い
　　ご飯を
食べなくともいい　世界一高齢でなくてもいい
静かに　貧しく心豊かにくらしたい

戦争は決してしないクニ　「風に立つライオン」が
　いるクニ
全ての人の支えとなる社会的共通資本が充ちるクニ
　しかし
クニへ無関心の障害を　超える道程は　厳しく長い
予想の大激動ありと　　絶望にあって
まず自身が　我を抑え　心内の極意への
階梯を　一歩掘り降ることからはじまる
この力が結束しあって　冬温夏涼の「お助け風」を
　おこす

青天の霹靂

春霞　視覚のゆがみが　放っておけない
見えているものが　変形し時に変質する
見ているものが確かなものなのか
ゆがみの世界に真理があるのか
眼球内部の網膜が異状なのか

停泊する広い甲板の船は空母ではないのか
限られた点の映像を　みることの不自由さから
やがて　外界の事物を視覚がとらえなくなるか
視覚が　時代の流れをぬけだそうと揺れている

『古事記序』は　呪縛をとく偽の説がある
「并《あは》せて序」（和銅五年・七一二）は　太安万侶が
選録事情を記し　元明天皇に提出した上奏文
この文体　仮名遣いは　古事記より新しい漢文体
太安万侶墓誌（一九七九　出土）太安万侶の実在は
証されたが　古事記撰録（七一二）上奏文はみえな
い
序文内容にある　大海人皇子「愷悌《がいてい》（凱旋）し　乾《けん》
符《ぷ》（三種の神器）を握り而して六合《りくごう》を総《す》べ　天統
を得て　而して八荒を包《かね》り」
壬申の乱記述は『日本書紀』（七二〇）に基づいて
いる
太安万侶によらず　多氏の後裔が序文を付記したか
偽書説は『古事記』作成の和銅五年より遡る　と
原本は現存していない　南北朝期写本『真福寺本』
（一三七二）が最古　他にも写本は伝わる
史書『日本書紀』（日本紀）『続日本紀』（七九一）
に
『古事記』撰録の記載がみえない　稗田阿礼の
記載がなく　実在が疑われる
『ふることふみ』（原古事記）は　天武持統朝の後
宮で
編纂され　公にしなかったか
英国人チェンバレンは　本居宣長『古事記伝』をも
とに
独白の英訳『古事記』（一八八二）出版　その序説
に
「半は日本語に読下し　半は漢語に読下すべき為に
作りたるものの如し」古言でよむ宣長説に　見直
しを迫る
再びは許されぬ　宣撫の具になった恐怖の記憶
『古事記』の真偽は　ゆがみの視覚の
予想もつかぬ外界にあるのだろうか

春宵　菜の花畑に浮かぶ　おぼろ月
湿気が薄闇に溶けて　幻を広げ
遠く過ぎた質素なくらしが　よみがえる
千曲川べりに　母親に幼い娘が　おねがい
　お母さん　お月さまのうさぎさん　連れてきて
桜の花散る中を　人が群れている
　軍靴の従兄が　口を強く結んで歩いていく
生命の輝きを感じ合う　平穏な生活に
　ひた　ひた　ひた　じわじわじわ
暗黒の世界が　ある日忽然と現われる

＊三浦佑之『古事記を読み直す』
　大和岩男『古事記成立の謎を探る』
　高橋憲子「チェンバレンによる古事記の訓みと英訳」
　　早稲田大学教育研究科紀要21号―12

行こうにも行けない

デイゴがくりかえし咲き
七十年のあいだ
何度も　琉球へ行く機会はあった
しかし　行けなかった
心が動かない　体が動かない
強くはばむものがある
外側の壁　とりのぞかれるはずが
内側の厚い壁に変わる

ジュゴンの海原　名護のM教師をおもう
復帰しばらくして
教育研修一か月　信州の中学校に滞在する
時に　夜通し　野沢菜漬けで泡盛をふくみ
日焼けした口元が　やっと語る
今　島の子どもたちは　貧しく恵みも少ない
でも　本土の子どもに
追いつけ追いつけの　がんばり

悲哀の深刻さを　感じてほしいよ
琉球は　海洋貿易国の歴史文化を育み
近代　現代　本土と関わりつつ歩んできた
地獄絵　鉄の暴風の沖縄戦
火焔につつまれて逝く兵士　洞窟の女子学生
赤瓦シーサーの家々　赤子を抱く母親
四人に一人は　生命が奪われた
占領下　合意なしに広大な基地建設の強行
復帰　期待は裏切られ　変わらぬ従属が続く
イチドウシ（一番の友人）になりたか

地球規模の大怪物は
縄張り緊張の永久化を生む
デイゴ花の緋色を感受できない
利の居心地よさに良心を失っているのか
今　問われている
自己の感性を　とりもどし
琉球の悲哀を　わかちあい　共苦する
必ず　厚い壁を超える道が　拓ける
この道をたどって　琉球へ行ける

胎動の感知

ハイマツの尾根をたどる
霧は濃く視界は乳白色にきえる
渾沌の中に道をさぐる
岩角を山靴の先がとらえる
体重を静かに前へかける
肩の重荷が一刻一刻くわわる
自分でないものが動いている
無音無視の一筋光にむかいあるく

鹿島槍ヶ岳北壁直下　カクネ里雪渓が
厚さ四十メートル　長さ六百メートルの　氷河か
地球規模の氷河期の証か
氷河期は　氷期・間氷期のサイクルで動く
間氷期（一万年）末が現在　氷期（十万年）へむか

う

二十余億年前　地球は厚い氷に覆われる
「全球凍結」（超氷河期）を経て
窒素が漸減し　酸素が微増する
大量の生物が消えていく
地球環境が大変化する
地球多様な生物の必須酸素は　今
大気中二十パーセント　酸素濃度の増加は
生物の出現の歴史と符合する
約六億余万年前にも全球凍結が起きている　と
経済大国の欲望繁栄を厳しく襲う
人間倫理をゆるがす事件が多発する
大地震大噴火がつらなる
酸素減少はとめられるか
地球温暖の深刻化がとまらない

濃い霧がきえて
北アルプス後立の偉容が迫る
厳粛神秘の美をなつかしさがつつむ
地球の運命に耳をかさず
人類は宿命をちぢめる
無関心を装いきれぬ　山人は
大自然の　時に発する宇宙語を
鋭敏感覚で解読をこころみる
山頂に接する広大無辺の
宇宙輪廻はとまることはない

なまけもの思案

初夏　小さな庭に
生の世界をみる
古いバラの木は
根を張り新種の仲間に入れない
シャクヤクは
三年へても赤い花は見えない
一本のドクダミは
地下を這い隅々に白花をつける

ラベンダーは
五年へてやっと紫の小花がひらく
時のうつりに
幾多の消えていった親しみの草花
狭い土地に映し出される生き物の無常
庭の世話をするなまけものに何ができるのか

新聞の生活雑記に心がかさなる
「雨にも負けて　風にも負ける
　雪にも夏の暑さにも負ける
　多病の体を持ちながらも諦めず　笑っている
　負けを受け入れ　その先に行く
　そういうものに　私はなりたい」
コロコロ変わる心模様　大丈夫だと思っていた
体に病が訪れ　もっと生きたいと思う欲にまみれ
闘病四年をぬけだそうとするSさん
一番苦手な　誰かの話を聴けるようになる

紫陽花は雨期を待ち続けている

植物にもニヒリズムがあるのだろうか
病害異状気象　無抵抗の形状が訴える
人は運命的なもの　疑いもなく柔順である
かけがいのない人生
いまの生命の燃焼が
経済成長の手段となることに迷いはないのか
次時代が迫る
このなまけものに何かできるのか

「もしも」の枯渇

「もしも」と物語る詩がなかったら
この世は何事も変わらなかったことだろう
息詰まる渦中に　その未来のバラ色
過去の暗黒色　連想は力尽きて消滅する
ひずみエネルギーは　結合し　蓄積し
跳ねまわる幸せのみえない世相を浮遊する
　年金支給の不満か　新幹線列車で焼身自殺

この世の奇妙な錯綜は　常識を破る詩の海へ通じている
時代背骨の核心に拘わる詩のマグマはよみがえるか
朝鮮戦争の一九五〇年一〇月一七日　北朝鮮元山沖で
米軍上陸のための掃海中に掃海艇は機雷に触れ爆発し
N氏は海中に　ただ一人帰らぬ人となる
「―講和条約締結前の微妙な立場だったので秘密裏に
行動した」（本人手記）　一週間後　瀬戸内海で死んだ
ことにしてほしいと緘口令が敷かれる
平和憲法下初の戦死者　二〇〇六と二〇〇九　兄は弟の
合祀を求める申請書を靖国神社に提出する　神社側は
「時代ごとの基準に基づき国が戦没者と認めた方を
祭ってきたが―朝鮮戦争は基準外」と回答した
日本が他国の戦争に自衛隊を出動させることは
朝鮮戦争へ掃海艇を出した同じ構図となる
犠牲者の明確な位置づけをと兄は訴える
ベトナム戦争には「もしも」はないのだろう
＊戦後70年「希望を探して」信濃毎日新聞夕刊（二〇一五・七月）

琉球国（沖縄）は国際法上の権利を有する独立国であった
一八五四・五五・五九年に米国・仏国・和蘭国との間に
修好条約を結ぶ　琉球国に国際法上の権利がある証の
重要な条約原本は日本政府が没収のまま未だ返されない
日本が　多くの抵抗を圧殺して独立国琉球国を併合した
歴史の事実を踏まえて　現在の沖縄問題は議論する
差別を超える経済的自立・非核非武装・住民運動―

そして自治の拡大から独立へと展開している
スコットランドを独立住民投票へと動かした女性から
沖縄への激励が届いている
憲法九五条による住民投票への道筋が見える
沖縄の独立が空想ではなく　大困難をも超える
現実が拓けてくる　ヤマトンチュ必読の書
＊『沖縄の自己決定権』（琉球新報社・新垣毅編著高文研）
アイヌ共和国の「もしも」はないのだろうか

昨今の事象はめまぐるしく連想力を魅惑し続ける
詩の創造力をこえているのだろうか
「そろそろ休みたい　氏にたい」
「ただもう市に場所はきまっているんですけどね」
＊M君（Y中学二年生活ノートより　死を顕す氏・市はママ）
追いつめられ深傷を負う　生命の叫びは
思いやりのない大人には受け止められなかった
いかに償うのか　天からの聖職に正対して
絶え間ない日常活動のみかえし　改善し

わずかな感受　知性　行動の力まで磨滅させる巨大な
暗闇に　他者感覚を　とりもどす戦いを挑めるか
人影のない東北被災地の卒業光景がよみがえる
「苦境にあっても　天を恨まず　助け合って
生きていくのが使命です」
＊K君（大震災被災地―中学卒業生）のことば
涙の言葉を産み出す豊かな連帯の世界が拓ける
「もしも」福島に原発がなかったら

夏蟬が嗄らす必死の叫びが
木陰のないコンクリートの街に消えていく
「もしも」と物語る詩の枯渇の夏は短く
「尚足るを知らず」とつぶやく
胸の内の風音が轟轟とながれ
怒ったようなきれいな眼の詩人があらわれるだろう

天空の風

東天のうす雲を透かせて
満月がはげしく動いている
一瞬　かがやきの月顔を
のぞかせ　厚い褥にきえる
星空まで姿をみせない
しょんぼりのススキと月見団子に
天空秋冷　夜風がふく

二〇一五年　二機の宇宙探査機が歴史的活躍
一つはニューホライズンズ（アメリカ航空宇宙局NASA）
九年半かけて太陽系の端　準惑星に接近
初の冥王星撮影画像が　地球に送られる
大きさは月より小さく　表面は氷で覆われ
色は大部分が薄茶　球形下の巨大なハート形
地上では探査結果の諸研究がはじまる
地球の誕生期と似ている冥王星　表面の薄茶色
生命と深いかかわりのある有機物質ではないか
一つはロゼッタ（ヨーロッパ宇宙機関ドイツ）十年余かけて
太陽系の果てからきたチュリュモフ・ゲラシメンコ彗星に
接近　撮影開始　さらに着陸機フィラエを投下
時速十三万キロの彗星核に着陸　機体が弾むハプニング
すき間に落ち込む　再作動を開始　長さ四キロの彗星
太陽に近づき　ガス雲を噴出の瞬間　明るく輝く長大な尾
フィラエの映像　採集物質の情報が　地球に送られる
宇宙の旅人彗星の物質は生命誕生の解明につながるか

＊NHK　人類初　太陽系の秘境　冥王星＆彗星

二〇一五・七・二五

一六三三年宗教裁判は地球の運動を撤回するよう命
　じた
聖書に　神のおかげで大地が動かなくなった　と
範囲があり無限がある宇宙　膨張を続ける宇宙の
大きさは　今もよくわからない
観測可能な宇宙内でも　千億個の銀河が存在する
地球の属する天の川銀河は　直径五億光年の巨大な
ラニアケア超銀河団（十万個）の端に存在すると新
　学説
＊ハワイ大学天文学者ブレント・タリー「Nature」誌の研究
論文の解説より
この超銀河団も宇宙のほんの一部にすぎない
観測可能の宇宙の直径は九百億光年
地球の宇宙探査は二十一世紀始まったばかり
超大ブラックホール　ニュートリノ千兆分一の質量
人類の宇宙知識の蓄積がなければ
宇宙の微細存在の人間個は存在性を失うだろう

山の端に十六夜の月が顔を出す
満月は　天候不順で残念無念
耿耿《こうこう》　静かに燃え立ちを冷やす
月顔の澄んだ光に　秘めた身を削る
抑えがたいつらさがみえる
伝統の情緒が　月が欠ける如く消えていく
満場虫の声　ススキの穂が星を求めてゆれている
きっと　地球と仲良し惑星は存在するだろう
未知の生命体から透明な情けの風が
厚い大気圏をぬけて流れあふれている

詩集未収録詩篇より

キャンドルの灯

みのりの秋に
心のくもりを祓おう
誠意のないことばの
とげに涙する人
人をそしっても
心が痛まない人
たえきれず無心に泣く
子どもたちを
抱きかかえられない大人
心の灯の消える人間が
ふえるのでしょうか
手作りのキャンドルの
灯をつけよう
冷たい心に　故郷の街
愛の灯をつけよう

円満な精神の死
――中村英次先生を悼む――

英ちゃん　英次先生　もうあの笑顔に会えない
なぜ　こんなにも忽然と　逝かれたのですか

ひとり　車で出掛る日が続いている
何を求めて　走っていたのだろう
愛する奥さんと登ったアルプスの山頂
お子さんと遊び歩いた千曲の川辺　里山野
まだ　追い求める世界があっただろう
あの五月十日　木に阻まれ　溝にタイヤを取られ
自由の利かない車は　火を発し
やっと　車外に逃れる　同時に爆発が起こる
かけがいのない命を爆風が奪い去った
「かわいそうで　かわいそうで」
奥さんの言葉が胸を刺し　慟哭する

振り返れば　思い出は限りない

信大教育学部一期生の花形テニス選手
教職時代の武勇伝が伝わっている
時代の混迷の中　最後は長野市裾花中学校長として
孤高の血涙奮闘を遺している
退職後は　健康も回復して
茶道　松代雅楽にエネルギーを燃やす
一九九一年退職校長の九一会で
病気がちな会員を励まし
会のたびに写真を撮り　わざわざ届ける
老境に築き上げた円満な精神がまぶしい

英ちゃん　英次先生　もうあの笑顔に会えない
宇宙の星となって　最愛の家族　我らの見守りを念
　じます

雨の安堵

雨に追われて
この屋根にやってきた雀が
チッ　チッ　チッ

雨水の滴が
梅の新小葉の先に
　ピカ　ピカ　ピカリ

雨水の滴が
紫陽花の花弁を伝わる
　ツ　ツ　ツウ

雨水の滴は
天空の七夕姫様が
梶の葉の願い事をみて
流した涙だろうか

雨水の滴が
庭土に浸みていく
みみずは大丈夫かな

ピッチ　ピッチ　ピッチ

雨水の滴が
天を仰ぐ顔に
　ポト　ポト　ポトリ

空が明るくなって
雨蛙がよろこんでいる
　ケロ　ケロ　ケロ

彼方から
鐘の音
　ゴオウン　ゴオウン

教室の花

白い花弁の
のびやかな重なり

花芯を守る
淡い紫が滲む牡丹
豪華に謙虚がしずむ

湧き出てくる
幾重もの厚み
純白のやわらかな
豊かな花弁
凛として光り輝く芍薬

立てば―
座れば―
歩く姿が―

大花のたましい精をいただく幸せ
生涯学び続ける佳人が
百合の花を
活ける日を
心待ちにしている

さざなみ立つ精神

少しずつ良くなる　カラクリを作っている
平凡な善人が　豹変する
宇宙創世期　ファストスターがつぶれて
ブラックホールになったのではないか
生きることは堕ちることだ
ささやかな愛が　天地を分けてゆく
内面を照らす光がかげり
感官を通して　外の世界が立ちはだかる
不寛容の炎に　不器用さが委縮を迫る

きょうは　いくにち？　ばぁちゃんが　日めくりを
　さがす
新聞の日付を指さす　じいちゃん　しばらくして今
　日は何日？
大形の暦の日にちを指さす　ありがとう
お盆はまだ来ないんだね　ほっとしている
お墓参りを楽しみにしている　お墓の周りの草取り
　をして
庭の花々を供え　ロウソクの炎　線香の煙　手を合
　わせる
生き生きしたうれしそうな顔がひかる
時に　記憶が白色になる　わびしい気持ちをポツリ
　もらす
自分が自分でなくなっていく　こらえ難い　刻々
時に　常識をこえる　草花小鳥　孫たちへ注ぐ自ず
　からの力
ばぁちゃんの見えない内奥　背負うじいちゃん
家事を終え　灯りの下で原稿用紙にむかう
四〇年経て　大きな闇が　あかされる
民間飛行機購入に　巨額の貨幣が国をまたいで動い
　た
首相逮捕となる　その陰に軍用飛行機購入が進行し
　ていた
世界第二位　一兆円の対潜哨戒機を保有している
国家の策謀の巨大な闇は　検察でも歯が立たない

夾竹桃の白花は　一瞬の閃光を　忘れない
七一年を経て　米大統領が少年に渡した折鶴
憎しみを超え　絶滅寸前の知性をもてますか
地球の異状　止めることはできない
不条理の　殺戮殺掠が　つづく
天候異変　天災人災が　つづく
このムゴさ　強欲資本主義国際化の渦中
かつて過酷の時代　人間界を託した殉教　あの人に
人間感覚を押し付けてはならないのです
同苦の人類意志　透明な宇宙意志に
感官の内奥　感性に包まれた精神が
呼応しつづけている

はつゆめ

ヒイラギの　白い花が
大地にかえる
街の灯をうける　夜空に
満天の　星がきらめく
南空雄大な狩人オリオン
三つの　明星をみつめる

地球外に　生命体が存在
人類　大関心事
ＮＡＳＡ発表
木星衛星エウロパの南極
氷の下から　海水が
二千キロメートルの　噴出か

深遠な宇宙　どこかに
人類の　友だちがいる
きっと　地球をみている
大きな夢　小さな夢を
包み込んで
新しい年が　やってきた

航大ちゃん

生後五か月の航大ちゃん
宵の食堂広間に　働きものの
若お母さんに抱かれて現われる
色白の全身　まぶしい後光が輝く
お客さんたちに見開かれた
澄んだ黒い瞳がじっと見つめ
すべてを受け入れ　すべてを見通す
天より授かった絶対音感を秘めて
もみじの両手を　勢いよく振って
純真な和を誘う　聖なる笑顔

お座りボックスの姿は
修行する空海さんを思わせる
調理場のお父さん　遠くから見守る
飲み物運ぶお祖父さん　時に抱き上げる
料理を運ぶお祖母さん　そっとあやす
お客さんの心をつかんで離さない

精一杯の力み声の喃語を使って
周りの人たちに　新たな驚愕を叫ぶ
三代目　生命満開の航大ちゃんは
『西山』の御天道様だ

人の為す瞬時のこと

南アルプス高嶺に　くっきり秋が来た
住民の反対するリニア大工事がはじまる
渓谷　清い水は濁を飲みこみ　淀みでやすむ
釣り糸を垂れて　清純の流れを待つ
鏡の水面は　時を止めている
静寂の空気が　ウキの微細な動きを伝える
水面下の生物　地上の生物の対面
釣針から放たれた魚のぬめり
所有欲から離れた人の手のぬくもり
勇む水面の泳ぎをみまもる

七万年前　ホモ・サピエンスはまだ
アフリカの片隅で生きていくのに精一杯の
取るに足りない動物だった　ところが
その後の年月に　全地球の主となり
生態系を脅かすに至った　今日
ホモ・サピエンスは　神になる寸前で
「科学革命」永遠の若さばかりか　創造と破壊の
神聖な能力さえも手にいれかけている
「認知革命」は共通の〈虚構〉誕生　大集団　法律
を生む
「農業革命」の食料の安定的幸福は史上最大の詐欺
だ
地球支配はこれまで　私たちが
誇れるようなものをほとんど生み出してはいない
過去数十年前　私たちは飢饉や疫病　戦争を減らし
人間の境遇に関しては　ようやく多少なりとも
真の進歩を遂げた　とはいえ
仲間の動物たちや周囲の生態系を悲惨な目に遭わせ
自分自身の快適さや楽しみ以外は追い求めないが
それでも決して満足できずにいる
自分が何を望んでいるかもわからない
不満で無責任な神々ほど危険なものがあるだろうか
これからどうすべきか　歴史をもとに
日本の人々にも考えてもらいたい　ハラリ氏はいう
*ユヴァル・ノア・ハラリ
『サピエンス全史』上下　河出書房新社より　柴田裕之訳

大雪に閉じ込められる　非西洋文明世界に入る
日本の人は　無宗教者か　無我か
正法は宇宙的世界の　感受を説く
個は個であっても　宇宙とともに生きている
強者の操る　不安不満醸成に追い込まれ
この安逸に埋没する　楽天的な島国気質が
時流に乗って　いま瞬時の決断を迫る
心の棘を温存して身構える姿勢　根源欲の衝突
若者に広がる改憲論を見る慚愧　その向こう側に
何処にたどり着くべきかの応えがみえてくる

散文

良寛さんと信州白樺教師

はじめに

いままでに、良寛さんに関する研究ノートを、教育論文として読んでくださった方は、わずかの方々と感じています。この研究ノートは、教育論ではなくて、趣味の研究として評されてきた向きがありました。以前、ある先輩の方に、『信濃教育会教育研究所三十年史』に、良寛の研究ノートが載らないのはどうしてかと尋ねられたこともありました。

信州安曇の倭小学校の記録（『南安曇教育会百年誌』抜刷等、本山秀郎氏の提供）等から児童読み物『良寛　相馬御風』を取り上げた教師の心根を考察して、良寛さんと教育の接点に迫りたいと考えました。

Ⅰ　手刷りの児童読み物『良寛の逸話』

大正七・八年度南安曇郡倭小学校の白樺教師神沢速水がガリバン印刷で多くの作品を児童に提供した。その中に良寛の逸話の「馬之助に訓戒を与へる」が残されています。その鉄筆の跡から子どもにかけた崇高な思いが伝わってきます。謄写印刷の読み物の『良寛』を読んでみよう。

《五合庵在住の前か後かわからぬが、良寛は出雲崎の生家橘屋の若主人馬之助（良寛には甥に当たる）がその頃放蕩の噂高かったのを深く憂ひて、一日訓戒を与へる為に出掛けて行った。しかし、いざなにか云はうと思ふとどうしても言葉が出ないので、とうとう三日を空しく費してしまった。が、立ち際に草鞋を穿かうとした手を控えて、彼れは若主人を呼んだ。そして草鞋の紐を結んでくれと頼んだ。若主人も今日に限って不思議なことを云はれるものだと思ったが、命のまゝに和尚の草鞋の紐を結びにかゝった。と、その刹那、良寛は無言のまゝぢっと甥の顔を見守った。良寛の頬には涙が伝ってゐた。やがて又無言のまゝ彼は去った。

その事あってから橘屋若主人の生活が頓に改善されたと云ふことである。》

この逸話は、相馬御風著『良寛和尚詩歌』に続いて出版された『大愚良寛』春陽堂（初版大正七年五月二六日発行）に掲載されています。当時、白樺教師たちは土曜日の夜に集って、最近読んだ本について語ったり、教え子の作品を交換し合ったり、文学・美術・宗教・教育・人生を論じることを通例にしていた集まりで、神沢速水は知ったと思われます。B五版約五〇〇ページの初版の『大愚良寛』を求めて、相馬御風が描く良寛像の探求に熱中して、馬之助の逸話を選んだと想像されます。この児童読み物は、本山秀郎氏によれば、大正八年度頃から使われたのではないかと言われています。

この頃大正期の童心主義を全国に広げた雑誌『赤い鳥』（創刊大正七年七月～昭和四年三月終刊）は、相馬御風と同郷の童話作家小川未明らの手によるものです。

「子どもと毬つきをする良寛さん＝童心の人」というイメージの普及は、当時の童心主義の潮流によりますが、その原点は相馬御風『大愚良寛』にあります。良寛さんの生涯を漢詩・和歌、逸話を通して描き、「良寛の眞生命」で吐露している「…良寛のそれの如き人格乃至藝術が現代の如き社會に於て一層それの光輝を増し来ると云ふ事は、まことにこれ謂ふところの〈無用の用〉に外ならぬ。而も此の〈無用の用〉の奥に吾々は現代の生活そのものにとりての最も重大な何ものかの暗示を探り得ないであらうか。そもそも現代の人心が良寛に求むるところのものは何であるか。此所謂〈無用の用〉の根抵に厳として存する何ものかの意義を――其不可説の意義を獲得することが私達にとりては更に更に重要な一大事ではないだらうか。…」を読んで、教師を天職として心身を子ども取り組んでいる白樺教師たちが深く共鳴しただろうことは想像できます。

そして、多くの逸話のなかから「馬之助に訓戒を与へる」話を選んだことは、良寛さんと甥の馬之助の関係を同苦（ミット・ライデン）――ドストエフスキーは、ロシアの民衆の中に残ってゐる苦悩の連体性、他人の苦を自分の苦としてすすんでうけといふ同苦において、即ちニイチェが超人の方へ、上の方向に突抜けようとしたのに対し、人類の苦悩を最下層において、ニヒリズムからの脱却を試みてゐる[①]――を、教師と教え子の緊密な関係に重ねたのではないか。教えている子どもたちの苦悩に自然な同苦をする教師を切実に感じていると私は考えています。

神沢速水はじめ白樺教師は、児童読み物に良寛さんを取り上げたことを書き残されていないので、白樺教師の実践の深部から〈教師と教え子の緊密な関係〉の推論を試みたい。

Ⅱ　白樺教師の教育実践

大正期の本県教育における自由主義的潮流を代表するものは、雑誌『白樺』の文芸主義的人道主義に感応した一群の教員たちの教育実践である。武者小路実篤・志賀直哉・有島武郎・柳宗悦ら学習院卒業者によって、東京に『白樺』が創刊されたのは明治四三年のこと。長野県内では、明治末年以降、小学校教員層を中心に『白樺』が浸透しはじめ、購読者数は東京に次ぎ、大正六年ころからは赤羽王郎・笠井三郎・中村亮平らを核として、「信州白樺派」とのちになって呼ばれる人脈を形成していた。白樺派教員による教育実践の実態を直接示す資料は、多くは残されていない。

『白樺』のめざしたものは、新しい文学、芸術運動でしたが、信州では教員を中心とした教育運動として発展していったところに、特徴があります。

「美の謎が本当に解けた時が、自然の意志のわかる時であり、人生の目的も、従ってわかる時である」という武者小路実篤の思想に共鳴した白樺教師は、美しいものを理解し、自らの心を清め高めていこうとしています。教え子にも、ミレー、ゴッホ、セザンヌなどの絵画鑑賞を通して、それに表われる心や感覚、個性の発露の大切さを学び取らせようとしたのです。
白樺教育を安曇野の倭小学校（長野県南安曇郡倭村、現在松本市）にたどってみたいと思います。
大正八年度中谷勲の教え子当時六年生が半世紀経た昭和四五年の同級会での回想談の一部です。

〈先生が異った個性で個性を伸ばすことを教えられ、またそれを理解し合う努力こそ人間の一番たいせつなものであることお学びとったように思います。

はつみ

中谷先生は、かすりの着物に縞の袴で三寸歯の下駄をはいて、眼鏡を掛けており、太い声で私たちの朝のあいさつにこたえて、「やあ、おはよう」――、あの声がいま耳を突くように思い出されます。…あの時の中谷先生のうれしい顔は、先生と児童の関係というよりは、兄弟のような親しみがありました。

とし子

今の教育のように、科学とか、知識のつめこみのみに片寄った人間ロボット教育とちがって、先生と生徒のへだたりはまったくなく、みなが研究生同志であったかの様な温かい空気の中で勉強をやったので、先生に毎日逢うのが楽しかったり、希望がありました。

ますゑ

文学の本やミレーの落穂拾い、晩鐘の祈りの絵とか、ゴッホの種まき、風景画などのなかで、芸術鑑賞のちからを与えてもらいました。ある時は、穂高の荻原碌山の家に案内され、アメリカやフランスでのデッサンや彫刻を見せてもらい、その力強さに心を打たれた…

文〉[2]

児童を熱愛した白樺教師のなかでも「このくらい子ども思いの教師はない」（小林多津衛の評）といわれた中谷勲の鮮烈な印象は、時を経ても生きていると思います。

教師と児童との緊密な人間的接触をとりつつ、前提に人間の基本的な価値として個性に着目したこと、定式的な教室内での授業形態を破り、自然のなかに教場を求めたこと、歌・詩・絵画等表現の重視、白樺系の文学作品や後期印象派を中心とする美術作品と豊富に接触していること、などが注目されていま す。

開校記念誌『倭小学校教育の歩み』(昭和四八年三月発刊)に白樺教育の特色を次のようにまとめている。

児童の個性に眼をそそいだこと。いたずらに児童を拘束するが如きは教育の本道ではないと考えたこと。

美術に対する眼を開いたこと。

図画、綴り方等の指導に新生面をひらいたこと。

泰西文学の理解を深め、西欧の翻訳文学が児童の世界にもはいったこと。

キリスト教に対する理解を深めたこと。

芸術運動の『白樺』と教育との結合は、偶然によるものではない。芥川竜之介が「文壇の天窓を開け放って、爽やか空気を入れた」と評した『白樺』の理想主義・人道主義は、浪漫派や自然主義の文学、鷗外・漱石の高踏派と比較すると、前進・向上を本来の基調とする教育の立場により近くに在った。そして新しい質の教育を求め、新しい質の自己成長を求める教師の強い要求が存在した。

当時の長野県教育界で「人格主義」を旗印に有力な潮流をなした東西南北会に対して、一志茂樹は「国を憂うる言葉はよく聞きましたが、心のこと、人類のことに対しての悩みとか、生命の問題を大事に考えるとかいう方面については、何かものたりないものを感じていたのです。それに教育といっても本当に子供の中へ食い入ろうとする燃える愛のない」こと等を批判しています。③

Ⅲ　白樺教師中谷勲の日記・書簡

倭小学校の中谷勲は、長野師範学校時代から『白樺』やキリスト教に傾倒しています。同期生には後の『地上』（長野県の白樺教師によって発行された雑誌）同人の小林多津衛（平和教育、民芸活動に生き、先年一〇四歳で逝去）、教育実習時の訓導はキリスト教教育者小原福治（初代柳町尋常高等小学校長）です。新任の戸倉小学校では、信州白樺教育の中心的教師赤羽王郎（雑誌『地上』の編集人）と出会い、熱情的に子どもを愛し徹底して子どものなかで生き抜こうとする心意気に共感し教育実践に励みます。しかし、白樺教師排斥の戸倉事件に遭遇し、大正八年二月、一〇余名の教員中九名の転退休職処分発表、中谷は在職一年で譴責処分となりました。その人柄ゆえか県下各地から救いの手がのべられ、尊敬する手塚縫蔵、松岡弘（戦後信濃教育会長）が心配してくれた倭小学校に赴任（大正八年四月）しました。③

残されている中谷勲の日記（『倭における白樺教育』（南安曇教育会百年誌一九八八・一一刊行）に記載の一部）を読んで、一筋の教育愛の吐露に接しましょう。

…一時間目は種々話して二時間目より昼にかけて野外を散歩し様と思って子供をつれて出た。全く俺の心とはなれてゐる。彼等は何のために野外に出て来たかそれさへ知らない様に平気で俺よりはなれてゐるのだ。まるでがっかりしてしまった。自然を見る目がない。有り難さが感じられない。いままでの教育その者が彼等を思ふ様毒してゐるのだ。悲しく思はれる。ま少し目が開いてゐたならば彼等は一人でに進むのにと思へた。これからだ俺の手をつける所はこゝだと思ふ。

（大正八・四・七）

今日は朝からうんと本気でカラマゾフの兄弟を読もうと思って五時に起きた。聖書の様な氣がする、これを本當の自分のものとして読むときには何も読まなくてもいゝ様な氣がしてならなかったのだ、午前は家の人に眠ってゐないかと思はれる程だまってやりこんでいた、それに朝座敷に畫をかざったので益々氣持がよかった、…床の間にはダビンチの自画像、キリスト、レンブラント、ミレーの種蒔の畫をかざった。…

（大正八・四・二六）

四月も暮れて行く、静かに暮れて行く

…午後の裁縫の時間を無断で郷原君と子供を連れて河原に行った。子供もだんだん野原に親しむ様になり、それに何物かを得て来ようとするところがうれしい。それが今に益々強くなることと思ふ。河原の松林で歌劇をやった。よく出来た。気持よく学校に帰って来た。

（大正八・五・一四）

子供とあの俺の一番すきな林に蕨をとりに行った。幾度来ても俺の心に新しく響くものがある。そして俺に問題を考えて呉れる。俺はこの林を無限の教の林と思ひたい。本當に神に近いものだ。

（大正八・五・一八）

今日は尋常四年の理科の研究会が俺ら方の学校にあった。坂井（陸海）君が實地授業をやった。本當に自分より考へ出した物には権威のあるものだ。たといそれが正邪何れでも。それはそのひとの本気さの現れであるから。そしてそれは尊いものである。今日集った奴等の本気さ、真面目さのないのにも自分はあきれてしまふ。如何によい人の研究発表をきいても、方法をきいても、方法を知っても行ふ人の意志によってそれは死となる。死物に何の価値ありや。今の世の奴等は生きたものを見出す力さへなくて、生きたものを死物に化してしまふ力が餘りにありすぎる。今日集った人の中で坂井の本気に共鳴し、自己の本気さの足りない熱のなささを感じて興奮して行った奴が幾人あるか、ひとりもないずら。

（大正八・五・一九）

…池田忠の子供の書いた『Cの死』を讀んだ。たまげてしまった。本當に何より尊い寶だ。これはどうしても俺の子供に刷ってくれなくては置かれない。そして考へて貰ひたい。子供もこれ迄生長するかと思へば今迄の教育者は何をしてゐたかと云ふ事が益々はっきりして来るのだ。本當に伸せるだけ伸してやらなくてはならない。…

（大正八・五・二一）

中谷勲は夏休みに自分の身分をかくして西穂高の農家へ泊まりこみ、二週間作男として働いた。農家への礼状にその時の心根が充ちています。

…本當に私はあに一四日の御家に御厄介のなった事が何の位私に考へさせ、大きな問題を與へられたか、常からあゝした生活を願ってゐたことが果たされたか知れないいち思ふと嬉しくてなりません、あの生活は本當に惠まれすぎる程大きな惠でありました。最う再びあゝした生活は出来ないかも知れません。

私はあの様に歓びに燃えつゝあの尊い百姓のしごとを心の中より正直に眞面目に純に本氣になってやったことはないのです。お家の人達は何時でも私に對して大きな愛を下さいました。私はこの愛に酬ゆることが出来ない位愛された事を有難く思ひます。…

自分の教え子も心の力になり合ふ友達も、自分があゝした生活より力を發見し、正しい者を見出したことを話すとうんと喜んで呉れると思ひます。のう思ふと子供に逢ひたくて堪らんのです。逢ひたい、逢ってこの休みに得た俺の利器を分かちたいと思ひつめてゐるのです。…

（大正八・八・一〇西穂高村古幡達一・茂留一宛書簡）

中谷勲の初任当時の教育思想を示す日記・書簡があります。白樺教師の教育実践は、既成の教育界の反発を受け「いわれのない村人の不安に根ざしている」戸倉事件（大正八年）の渦中で書かれたものと思います。

…外より来る言葉や行為では決して其人をよくする事は出来ないと思ふ。本當に其人が内面的に自己の内心よりの淋し味といふ者が即ち目覚めてこない中は何んの甲斐もない事だ。だから俺は人の悪を改善し様とする時に決して言ったり聞かせたりしたって駄目だと思ふ事がかんぜられた。…

今のF、Mなんて言ふものは本當に張合のないものだ。子供の心を一寸も解って呉れない、教育なんって言ふ所の頭が全然解ってゐないのだ。俺は毎日F、M、が子供に對して小言を言ったり、愚痴をこぼしてゐるのを見せつけられて、本當にいやな氣分になってしまう。子供の騒ぎたい、我儘を云いたいなんと言ふ所の心理などは全然わかってゐない、怒聲によってこれを一時的に制するを以て足れりとしてゐる、これに反して子供を殺すといふものだ、俺の仕事は本當に重大である、太陽の光は急には温まらないけれどもいゝ感じを與へつゝ遂にはその熱に入れてしまふ擁に、おだやかに進まなければならんと思ふ、それまで自分の力をうんと養はなければ駄目だ。

（大正八・一・五日記）

…俺達は法や規則を超えて子供の有している美しい芽、美しい心の伸長といふことに只管意を有ってゐたいのだ。そしてその子供の全部のいゝ所を生かしきらせたいのだ、すぐに今の世に適する様な人間をつくりたくない。今の世に適してはかへってせつないのだ。世の中すべてのものを正直にみて正しい道を自分の力で発見して進む様な人を造りたいのだ、がから（ママ）教育者は先驅者であり豫言者を以って任じなければならない。…

（大正八・二・三有賀喜左衛門宛書簡）

中谷勲は自己に厳しいが故に、納得できないことに妥協することをきらった。当時の世相や教育界に対して矛盾を感じ、戸倉事件などを経てさらに強いものになり、世相を超越したところの自然への賛美や畏敬の念をかりたてていった。武者小路実篤の言う「自然が自己を生かす根元であり生命の源泉である」や、ロダンのいう「自然は其まゝにして完全なり」といった自然観に共鳴し「自然に学ぶ」「自然を学ぶ」を大事な教育の方法となっていった。

倭小学校での《吟行（逍遥）教育》、野外学習はこの考えによっている。自然が無限の教場となり、神に近きものとなる教育実践に自信を得てきている。中谷勲が、自然の中で子供たちとともに求めようとしたものは、教師と子どもとの緊密な一体感にあったと考えられます。

…自分達の倭の学校の一年は決して空なものではなかった。長野縣の教育界の一大問題として論ぜられた、そしてそれに相當するだけの不理解と無好意の所より迫害を受けた。自分達にとって無意識なものではなかった。やはり何物かの先驅をもって自ら任ずることが出来る尊い一年であった。俺れの一生の歴史の一頁、人類的仕事の一頁をかざるにふさはしい一年であった。…

（大正九・三・六）

大正九年三月、六人の転退職を強いられ、中谷には休職辞令が出た。中谷勲の倭小学校における一年は教師生活の最期になった。大正九年七月二九日、長野赤十字病院で二五歳の人生を閉じています。[④]

中谷勲ら白樺教師の書き残した表現をもっと引用したい思いです。それは、白樺教師の内面に触れず、現在においても、大正期「信州白樺教育」を、「気分教育」と呼び、多くの教育関係者から関心も持たれず、正当な評価を得ていないと思うからです。

今井信雄氏は、「白樺教育の芸術讃美から生まれた直感の重視は、既成の教育に痛棒をくらわせたものの、彼等自体の理論的な体系を、ついに持ち得なかった…白樺教育の中味は即芸術であって、理数系の教科目はほとんど等閑に付されて顧みられなかった。その点を衝かれると、たとえ反論が素朴な感想をないものであっても、白樺教育の脆弱さまざまざとさたけだした。…世間の組織が教育の方向のどこかまちがっているのではないかと考えることはあっても、その次に何を考えるかについては思い及んでいない。」[5]と信州白樺教育の衰退の一因を指摘しています。

が、白樺教育の内在的欠陥を指摘よりも、明治末期から大正期の教育は国家主義的思潮が主流の中で、いかなる教育思想の芽生えがあったのかを探求することが大事と考えます。

そこで、白樺教師の再評価をまとめてみたい。

その第一は、中谷勲の日記に残されている教師の子どもに対する精神姿勢─教育愛です。

「自己の内心よりの淋し味への目覚め」が、教育の起点となっています。子どもを教師が全身で受け止め、高邁な精神で師弟一体となった教育を実践するには「本當に神の様な心に常になってゐることが先生をするものゝ上には常に必要」なことです。日常的な対応をしながら日常性を越えた真・善・美・聖の世界を求めて、愚痴や小言がなく、怒声をあげず教え子に接しようと心がけ、自らの生き方、教師の在り方を厳しく追求しているのです。

第二は、白樺教師が自ら選んだ読み物を教材としていることとです。

小林多津衛は白樺教師が修身教科書を全く使わなかった理由を四項目上げています。

せまい愛国的なナショナリズムで人類的なところがない。

徳目的で、しいるようなところがある。

固定的で弾力性がない。「怒るな」といっても怒らねばならない場合だってある。真の生き方はもっと生きたものでなければならない。

修身教科書には生きて迫るものがない。その点、個人のすぐれた作品には迫力があり、ニュアンスがあり生きる知恵がある。

倭小学校の残されている児童読み物（昭和六・二）には、大正期から読み継がれた次のような作品が載っています。

《『清兵衛と瓢箪』志賀直哉、『二四時間の生命』チョイスリーダー、『西行の戻り橋』土田耕平、『茶味より』奥田正造、『年若き兄』ドストエフスキー、『洪水の画き方』レオナルド、『糞虫スカラベサクレ』ファーブル、『武蔵野』国木田独歩、『乞食・雀』ツルゲネフ、『詩』千家元麿、『詩』ホイットマン、『雀の子』一茶、『旅の宿』芭蕉、『良寛』相馬御風、『夕日』島崎藤村、『フローレンスの少年筆耕』アミーチス、『月見草』水野葉舟、『わしも知らない・詩』武者小路実篤、『くまん蜂（詩）』ヘンリーピアス、『蜘蛛の糸』芥川竜之介　以上》[6]

これらの作品や教え子たちの作品も使われています。白樺教師の手で盛んに謄写印刷され、白樺教育が「ガリバン教育」と言われる理由がここにあります。現代の子どもたちにも読んでほしい作品も多くあります。

第三は、従来の教師独演式・演説教授法と違う独自の教育方法を創造していることです。自然にふれ、即物的体験を通して学ぶこと、児童が進める授業を実現しています。

倭小学校では、坂井陸海の創案の「吟行教育」（月夜行運）を行われた。国語の時間は野外へ行き、季節・風物・動植物を観察させ、林・河原・月夜の景色を詩や作文に書かせたり、短歌指導を試みたりしています。また、教室の授業でも、児童自らの研究と質問および討議によって進める授業が行われています。坂井陸海は次のように述べています。

《この時私は高等科一年の男女組の担任であった。第一時間目は算数で、思ったとおり郡視学（註倭小学校教育調査に高田視学が来校）は私の教室に這入って来た。児童は昨日の宿題による解式を、三人程黒板に出て筆記し、発表している。私は教室の後ろの方に坐って、児童の学習をみつめている。比例の応用問題の解法である。児童は割合にテキパキと説明をやってのけたので、私の説明を要する箇所はほとんどない。宿題がすんだ。私はこのへんで視学は出て行くことに思っていたが視学はいっこうに動くけはいがない。私は「この問題はクラスのうちで五人しか出来まい。」と宣言した。児童はやっきになって、その仲間入りをしようと努力する。「時間は五分」と区切る。五分後に調べる。まだ途中のものもいる。完了した者約七割。しかし、結局完全に出来たものが七人である。その七人が鼻を高くして意気まく。私は出来なかった者に挙手を求め、どこがわからなくて出来なかったかを発表させる。即ち私の算術の教授はここからが本筋で、出来なかった者の方がより多く発言しなければならぬ形の方法をとっていくのである。しまいにはクラス中が発言だらけになって、出来た七人と私とが教師になってほかの諸君への教示にあたる。郡視学はまだ坐ったまま動かない。とうとう一時間中私の授業参観である。…放課後お茶を飲みながら視学から話があった。そのあとで特別に私だけを呼んで「世間ではいろいろなうわさがあるが、私は君たちを信じている。考えをあまりむき出しに出さぬように。太陽は生物にとって絶対必要なものではあるが、直射ばかりでは生物は枯れてしまうものだ。」と。そうして、私の今日の授業を大変喜んで「ああいうように、児童の要求によって授業をすすめるのが本当の教育だと思う」とも言われた。

…児童を中心とした真剣勝負で、個人個人の人物調査やその好み、学力、性格等を詳しく調べ、個人個人の要求度によって個々別々の教養を持てるように努力しているので毎日の時間が足らず、あさは四時頃に起床し、夜は早くて一二時までも次の日の授業計画や、児童の作品整理等に疲れはてている程で、児童ひとりひとりは、はつらつとした毎日の学校生活を送っていた。学校は毎日楽しい道場であった。[7]》

大正八年の雑誌『白樺』の会員は約二〇〇人、直接運動にかかわらないが協力者約三〇〇人と言われ、そのほとんどが小学校の教師でした。『白樺』の新しい文学、芸術運動が、教育運動として県下に広がっていきました。その白樺教師たちの全容を把握しきれていませんが、三つの再評価の観点は、現代の教師の資質・力量を考えるうえでも重要だと思います。

Ⅳ　神沢速水学級の児童の日記

大正八、九年の倭小学校には、坂井陸海、中谷勲、郷原四五六、神沢速水、赤羽よし子等の白樺教師がそろっていた。これらの教師の情熱的な実践は、教え子たちはもちろん、南安曇郡下をはじめ県下の多くの教師たちに少なからぬ影響を与えた。倭における白樺教育とは一体どんなものであったか、当時の子供がその時に残した作品の中にみたい。

白樺教師たちが児童の作品を大切にし、それを文集とし、教材として扱っていた。神沢速水は教え子の作品や文集書簡を丁寧に残し、それが現在、南安曇教育会館に保管されています。その子どもたちの作品一部を読んでみましょう。

一月一一日（日）　N・H（尋五）

先生が昨夜、明日は森へ行くと云った。自分は朝寝をしたので急でとんで行った。出かけた時はもう一〇時過ぎだった。深い雪の上を乗って行った。宮の森、ほんとうに並木がよかった。木と木の間には笹がもう春が来たので青々とし、風が吹かないので、本当に静だ。やがて小松のハバ（註梓川の河岸段丘のこと）に入り日当りのよいところで休んだ。自分はグレコの絵の本を見たり自然を見た。ほんとうにいい絵だった。実にいい顔だ。明っさりした目、平和な清い顔、自分はやたら嬉しかった。先生はもう嬉しくて嬉しくて其處にちゃんとしてゐられないで歌を歌いながら変化のある處へ行って眺めてゐたった。自分も又とんで行った。

森を出て小倉官林へと向った。もう道ばたには柔かい暖い色をした黒い土が雪の消え間から出てゐた。ほんとうに柔かい土、いゝ土、少っとさわれば直ぐへこむような土、先生は思はず叫び声をあげた。前はひろいひろい原。静だ。柔い土の上に浮かぶやうに可愛く出てゐる青い小い草の芽、何といふなつかしさだろう。自分達二人はうれしくておどりながら歩いた。本当に美しい色をして立並んでゐる並木の官林の中を歌いながらやたら歩いた。本当に美しい色をしで立並んでゐる並木の官林の中を歌いながらやたらに歩いた。小鳥まで来て楽しそうにうたった。

「我が喜び、我が望み、我が生命のきみ書たゝへ夜うたいてなほ足らぬと思ふ……」

お林を出てずんずん下りて来た。『道!』自分は思はず叫んだ。道!道!道!やわらかい土、いゝ色、ほんとうにたまらない土だ。そして其上にうつった静な影、和い影、何とも云へない美しさ。だんだん下りて畑の通りを見た。よかった!よかった!実によかった。土が雪どけて、畑のうねの片側から見え出した。あの土!いゝ土!雪の下で壓へられてゐた麦が青々と頭をもたげて来た。春だ!急に画をかきたくなった。よかった。ほんとうにいゝ日を送ったと思った。家で遊んで夕飯がすんで先生のところへ遊びに行った。そして二つの詩を書いた。

夜

先生のところへ遊びに行った。
道ばたの木を見た。
それは自分の好きな木だ。
片方を黒く片方を月に照らされてゐる。
それが長い長い様な気がした。
どっさり坐って動かない。
恐ろしい勢いで
天に向ってぐっとのびてゐる
先生と森に入った
森よ!
恐ろしい森
お前達は皆一本々々天に向って生長してゐる。
美しい森よ。
空には星が澤山光ってゐた。
月は上の方に上ってゐたった。
森の土手の芝の上で讃美歌を歌った。
気持はよく大きな声がひとりでに出た。

そばの木は上の方へどこまでもすーっと長い
　やうな気がした。
森の裏に行った。
　木々の影が静にはっきりとうつってゐた。
月はもうよほどちがふ處にあり
　向ふの原はひろく
何處まで行っても行ききれないやうな気がした。
　向に赤い灯が見え
その向ふはぼうっとしてゐて見えなかった。
　先生の話をきゝながら雪の上を歩いた。
うんと静だ。
　森の中を一まはりした。どこを見てもよかっ
　た。
犬の声も聞えなくなった。
　静かだ。
月は同じ先をさしてゐる
　　自分は見た
街道の往来を歩いて行った。

　歌いながら心持よく。
其處に一人のみすぼらしい老人がこしをこゝめ
　て通りかゝった。
　自分を見てほゝ笑んだが
それはほんのしばらくでまた淋しさうに歩いた。
　老人は立止り深い絶望に沈んだ
其顔にあらはれた深い苦しみ
　それを思ふたびに涙が出て来る

　家に帰ったのはもう午前二時過ぎだった。戸がしまってゐたので裏から入った。そして鶏の餌を煮やうとしてゐるところへ父が小便所へ来た。父は何をしてゐると云った。自分は鶏の餌を煮るのだと　云ったら時計を見て　馬鹿やろ今頃から煮たってどうしるもんだ　と云って行ってしまった。自分は火をけしてこたつにあたってゐた。そこへ入って来て　今頃まで何をしてゐた　と真赤になっておこった。自分は「先生のところへ行って詩を書いたり、本を読んだり、先生から話をき

いた」と答へた。「どんな話をきいた」「愛」と云ふことをきゝました。自分は愛したいと思います。又其ほか自分等にいったことを教へてくれます「誰か他に行ったか」「あい、南大妻から新村と松原と伊藤がでました」「何處を通った」「おらとこの表を通って行きました」「ふーん今ころまで遊んで来るなんて馬鹿やろだ。先生は今んころまで行けと云はねな」「あい」「馬鹿先生だなー（独言）若い先生はだめなもんだなあ、そして今頃まで遊んで来て朝寝坊するもんだで今頃からたきつけたのだなあー、あーいゝ今頃からたきつけたって冷めたくなってしまう。今度いくらおそくも一二時過ぎに皈ったもんならきかねーぞ」と云って行ってしまった。

自分はいゝと思った。そして祈った。外に出て空を見た。つきがでてゐるその下を雲がうすく通って見る見る中に月は見えなくなってしまった。淋しいやうな氣持がした。その中に鶏が二番のときをつくった。東の方もうすあかくなった。自分は床の中でも考へた。

二月三日　雨　（月）　　N・H　（尋五）

朝起きる細い雨がしとしと降ってゐたった。もやが木や家をつゝんでゐた。あまり気持が良かったので「春の雨」を歌った。そして家のぐるはを廻った。頭にあめがかゝってぬれっぽくなくてとても快かった。此の自然を見て喜ぶことを知らない人々は不幸な人人だと思った。まっと早くから散歩したらどんなによかったらう。雨の中をうんと歩いて見た。雨の中をうんと歩いて見た。こんな自然が画にかけたらと思ふ。

ロダンやミレーやゴッホ等は此の自然を喜こんだのだ。そうしてあの様な画をかいたのだ。ベートウベンはこれを音楽に現したのだ。此の自然に驚ろかなんでゐられやうか。自分は幸福に思ふ。学校へ行く道、大妻の宮の森、実によかった。雨がかゝってゐる。靄につゝまれたあの森に行ったらどんなにいいだろう。

学校につくと先生もにこにこしていゝ日だと云ってゐた。今日はトルストイを読まぬから皈って自然によく接しろと云った。自分はそうじのすんだ後、日記を書いった。しーんとしてゐてよかった。歌いながら皈ると家に皈るのがいやになってしまった。靄で何處を見ても何も見えなかった。唯一人「春の雨」を歌って歩いた。

夕飯を食べて直ぐに先生のところへとんで行った。が先生はゐなかった。杉原等も来た。皆で外へ出て喜こんだ。皆は如何にも嬉しさうに大声で話した。宮の森へ行った。靄につゝまれた森は雲の上に乗ったやうだ。いくら待っても先生は来なんだ。

二月九日　　I・K（尋五）

修身の時間にウイリアム・ブレークの手紙を読んで呉れた。

ブレークは天才だ。三才の時、窓によって見てゐると天国の幻像が見えた人だ。英国人だ。彼は自然の讃美者だった。彼の絵を認めてくれる者はなかった。その頃の人々は彼を馬鹿だ、気狂だと云った。彼は今の不自然な世の事についてほんとうに考へた人だ。彼の絵はまだ英国にあまり認められない。彼は一生迫害を受けたけれども眞理を握ってゐた。迫害を受けることを喜んだ。俺達はそこまで行ければいゝ。俺はそうなりたい。手紙を読んでもらって力づけられた。

放課後三人で日記を書いた。本気でむきにやった。二時間ばかり書いたが心持がよかった。俺と細田としょうかを歌いながら来た。東山に太陽が当たってずっと良かった。雪が赤白く光ってゐた。こんなところを見せてやりたいように感じた。

俺はこんなにおそくなって親父に叱られはしないかと思った。親父に叱られたっていゝ俺は日記を書いて糧を得たからと思った。が、それよりぐざされることもいやだから嘘でも云って、親父でも怒らせないように仕やうとも思った。けれども親に嘘を云っていいかとも思った。それよりも正直に云って受くべきものは受けたがいいと思った。

家に入った。母が「なんでそんなにはあるかかゐたやあ」ときいた。俺は日記をつけてゐたでとゐたでと云ったら「そうか」といって働き出した。俺はすまなくなった。母がそう働いてゐるのを見ると眞実にすまなくなる。俺は炬燵へあたらなんで母の手傳ひをした。俺は心の底から母に同情した。母に苦労をかけてはすまない。ははに苦労させないやうに仕やうと思った。

三月一四日　　　　　　　　　　（尋五）

偉大な自然の中で／草を食べてゐる羊の群れ／おだやかな羊、仲よく食べよ／羊をつれた一人の少女／日の暮れるとともに「祈り」をしてゐる／あの静かなやさしい羊飼い／

自分は朝食をすませて「地上」を読んでゐた。お祖父様がそこへ来て聞いてゐた。自分は考えてゐた。お祖父様は口絵を見て黙ってゐたったがその中にこれは何の絵だときいたから「版画展覧会にあった絵と同じやうな絵だ。これはミレーと云ふ人の絵です。好きな絵だ。静で力のこもった絵だ。黙した中に祈りの心持がよくあらはれてゐる。」と云ったら「ふん」と云って頭をかしげて考へてきいてゐた。俺は又読んだ。お祖父様は考へてきいてゐた。今日はどうしてかじっときいてゐる。その中にあきたので友達を呼んで元気よく遊んだ。今日は気持のいゝ日だ。大きな声で歌ひながら妹をのせてそりを引いて歩いた。

三月一五日　曇（月）　　　　　N・H（尋五）

今日は気持のいゝ日だった。一日通らなかったばかりだのにもう雪は皆消えて青いやはらかい麦がうねをなしてゐる。自分は飛び立つやうに嬉しかった。

学校で体操場に並んだ時、二村先生が「先生も此のむきではじきになほるかも知れない」と云った。自分は嬉しかった。先生が来なくなってからもう一〇日以上になるのだ。明日から又二一日まで休み。二週間しかない此短い日に又一週間も休業になれば何も出来ない。先生と一緒によろこぶ事も出来ない。もう今年で先生と別れなければならないのにと思ふと悲しくなる。⑧

武者小路実篤の「自然が自己を生かす根元であり生命の源泉である」、ミレーの「自然は其まゝにして完全なり」に共鳴し、自然に学ぶ、自然を学ぶ、の教育方法として「吟行教育（月夜行運）」、野外学習が行われ、子どもたちが日記に綴っています。

子どもたちの作品の見出しにつけられている言葉です。「自然への心豊かな感動」「自己を問い生き方を見つめる子」「愛と祈り」「たがいに磨き合う仲間」「家族愛」「教師と子どもの絆」そして作品の批評が載せられています。しかし、それとは違う子どもたちの作文の否定的な評価が一般的になっているように思います。

「『白樺』同人の長与善郎が、『地上』（大正八年信州白樺教師たちが刊行。編集赤羽王郎）掲載の児童作品を読んで「芸術理解の不十分な児童に対する不自然な教育ではないか」（『白樺』大正九・四）と批判をなげかけている。たしかに、教師が示して見せた芸術作品や、児童になげかけた『白樺』の思想が、その時点で児童にどれだけ理解できたかは疑問であり、長与の批判はその意味で妥当である。…『白樺』的な一種のパターン化した思考様式がみうけられる。」神沢学級の日記を読まれたかはわからない。白樺教師に教えを受けた子どもたちはかなりの数になるだろう。その作文を一括して批評する事は無理があると思います。

かつてY氏に「当時の子どもの作文（日記）がおしなべて、ませた言い方、やや観念的な言い方が気になるが、どう評価されるか。」と問われていたことがあります。

そこで、神沢学級の子どもたちの日記を中心に、評価の基本的なことを述べてみたい。

第一は、言語表現の日記ですが、担任先生へのかけがいのない通信文と見ることです。

表現者と受け手の緊密な相互関係が成立して、しかも表現者の強い尊敬の心が伝わってきます。自分の行動、心の動きなどを解ってほしいと願う自己表現への粘り強い意志を感じます。

今日の子どもと先生の関係は一般的には友だちの関係と言われています。そこには相互の生命存在をより動かす師弟愛は成立しているとはかぎりません。

第二は、日記を書くことを通して、私的言語（生活経験・知識の中に生まれることば）と共通言語（社会的・文化的に普遍的価値をもったことば）の結合、統合が行われていることです。

作文の評価のモデルとして、生活綴り方の典型、国語科作文の典型、読書感想文の典型等との対比が浮かびます。作文の作法にかなっているか、自己表現として自己がみえるか等、表現指導の過程で有効性があると思います、が。

私は「子どもたちの生きて働くことばの力の獲得」の視点が重要だと考えています。この日記の表現には、倭村での私的言語と『白樺』『地上』の共通言語の結合の矛盾葛藤を経ている表現があります。例えば、躍動する生命感や豊な感受性が自然描写で存分に表わされているようにみえますが、人名・根源語（ミレーの絵・ベートウベンの音楽・ブレイクの手紙、愛・祈り）の説明が、書きながらまだまだと思っているように読むことができます。

子どもたちは、新鮮な頭脳、鋭敏な運動能力をもっているが、集中が持続せず、気持が移りやすい傾向をもっています。成長過程の子どもの表現（日記）を途上のものとしてみるしなやかさ・余裕をもってみることが大事だと思います。

「白樺的な一種のパターン化した思考様式」は、表現力（ことばの力）を獲得する子どもの立場からは、社会的・文化的な接触が子どもの内面に緊張を起っておれば、ませた、概念的な表現は、当然の現れと思います。私は子どもたちの生命存在を自然、文学、美術、音楽等を通して自覚を促し、自己（生命）が表現を生み出す私的言語と共通言語の結合、統合を可能な場（日記を二時間かけて書く）を創り出したことに再び眼を向けたいと考えます。⑨
　第三は、一月一一日の日記にみるような詩的表現が綴られてあることです。
　子どもが心から沸きあがる感動を進んで表現する感動表現は、感動表現であり、みずみずしい感受性や表現意欲が根源です。「月夜行運」で対象に触れ、感覚を働かせ、感動を高め、イメージをふくらめ、ことばを通して感動を確かにしている。対象と向き合うことを通して、自分の心をみつめ、語調を整え、ことばを磨き上げ、自分らしい詩的表現を発見しているように思います。⑩

　白樺教師の教え子は、万を越える数になるだろう。残されている教え子の作文は、一人ひとり違う。同じ子どもの作文でも日が違うと当然のことながら違っています。神沢学級の子どもの作文を乱暴にも一括して再評価の視点を示したのは、自然に包まれた白樺教師と子どもが命がけでつくりだした表現世界を正対することを願ったからです。そして、現在の教科の学習や総合的な学習で、評価のために学習の反省などを安易に書かせている現実があります。自律する中学生に生活記録を二時間かけても自己表現する生命の躍動の創造を望みたいと思います。

付　白樺教師の後

　長野県下の白樺教師による教育・文化活動が最盛期の大正八年、埴科郡戸倉尋常高等小学校では白樺教師に対して村会・学務委員、さらに県会・ジャーナリズムの批判が高まり、解職処分者をだすという弾圧事件が起った。これが戸倉事件です。

　この後、倭事件（南安曇郡倭小学校大正九年）、中箕輪事件（上伊那郡中箕輪小学校大正一〇年）、小松宇太郎事件（下伊那郡上飯田小学校大正一三年）等々、白樺教師弾圧事件は続いた。

　そして大正一三年九月五日松本女子師範附属松本小学校で、川井訓導事件が起った。補助教材による感動をもとに、児童の情意の理性化を図るのは松本小学校の修身教授の方法であった川井訓導の授業を、文部省視学委員樋口長市らは専ら国定教科書の不使用を国法違反の問題とし、結局、川井清一郎訓導は休職まもなく退職、伝田精爾主席訓導も自ら退職しています。[11]

V　国語教科書の良寛の歌について

相馬御風著『良寛を語る』(有峰書店)よりその一部を引用します。

《小学國語讀本巻九に新採用の良寛の歌に就て

今年度改正の文部省小學國語讀本巻九に、良寛和尚の左の如き三首の歌が採り入れられたことは、多年良寛の研究と紹介とに努めて来た私などには、まことに大きな歡びであった。

かすみ立つ長き春日を子供等と
　手まりつきつつこの日くらしつ
子供らと手まりつきつつこの里に
　あそぶ春日はくれずともよし
天も水も一つに身ゆる海の上に
　浮び出でたる佐渡の島山

この三首の前二首の歌、いづれも無邪氣なこどもと遊ぶのを最大の悦びとしてゐた良寛和尚の目の、最もよく現れてゐる歌である。

子供らと手たづさはりて春の野に
　若菜を摘めばたのしくもあるか
この宮の森の木下に子供らと
　あそぶ春日になりにけらしも
こどもらとてまりつきつゝこの里に
　あそぶ春日はくれずもあらなむ

などその一例である。

また同じことをうたったたつぎのやうな長歌もある。

冬ごもり／春さり来れば／飯乞ふと／草のいほりを／立ち出でて／里にいゆけば／たまほこの／道のちまたに／子供らが／今を春べと／手まりつく／ひふみよいむな／汝がつけば／吾はうたひ／あがつけば／なは歌ひ／つきてうたひて／かすみたつ／長き春日を／くらしつるかも／

こゝまで来るともう、子供が好きだとか、子供と遊ぶのが好きだとかいふ程度を飛び越えていつしか自分もこどもになり切ってゐる観がある。

良寛和尚は童心を愛したといふ以上に、身みづから童心のといふほどの境界に達してゐた。

「こどもを遊ばせてやる」とか、「こどもの遊び相手になる」とかいったやうな心持では、私たちは到底こどもと同化することが出来なければ、又眞に同化させることも出来ない。良寛和尚の場合は、さうしたのであった。

こんな風にして、到るところ春風の如き和らぎを人々の心に與へつゝ生き通したのが、良寛和尚の生涯であった。その相手は單に子供だけでなく、あらゆる種類、いかなる階級の人々も良寛和尚の無言の薫化に與り得たのであった。

良寛和尚がこどもとの遊び道具としてばかりでなく、自分ひとりの玩具としても手毬を最も愛したといふことも面白い。京都桃山の愚庵和尚は、晩年まるい石を好み、常にそれを掌中にまるめて撫でたりすることに、不思議な心の和らぎを得てゐたといふことである。良寛和尚が特に手毬を常に所持してゐたといふことも、偶然ではなかったと思ふ。（略）≫

良寛さんの歌が昭和一五年度国定教科書に載せられたことついて相馬御風が歌と良寛さんの不可分な理解を求めています。「おもはくから超越して、眞に自らこどもと同じになり切ってゐた」童心の權化、自ら童心の境界に達している良寛さんと子供の世界です。

それは、白樺教師中谷勲と教え子の間に形成された緊密な師弟関係、さらに神沢学級の子どもたちの一体的師弟関係が生み出す躍動的な活動と重なってきます。

そして、神沢速水が相馬御風著『大愚良寛』の逸話からえらんだ「馬之助に訓戒を与へる」を流れる根源語—人間と人間を結ぶ共に苦しむ『同苦』は、緊密な師弟関係に投影されたものと考えています。

Ⅵ　教師と子どもの緊密な関係と教育愛

ある会議で、M氏（筑波大学名誉教授）に「長野県では木村素衛はどうなっていますか。」ときかれて、アガペー的先生がみえなくなったと話したことを思い出します。その頃、白樺教師—良寛—木村素衛が繋がっているように考えはじめていました。

信州の自然、教師を愛し、わけても安曇野の山河を愛した木村素衛の『教育愛』（慈愛と信頼—論文・随筆集—信濃教育会出版部）を読み返してみました。

《教育の愛といふのは元来二つのいのちが一つに結びついて行くところに本質がある。そして二つの生命が一層高次な統一的生命に入って行くことが最も重要な点である。…

愛の一般的性格が特に師弟の間に結ばれるところに教育愛は成立つのである。教育は未熟の命を円熟的に育てあげることであって、従って教育愛には何より向上性がじゅうようでなこととなって来る。然るにエロスは向上の愛であった。多くの人はエロスの立場だけで教育愛はそういふものではあり得と私は考えてゐる。エロスの第一の対象は価値である。真善美といふやうな価値がエロスの第一の対象である。…エロスの愛のみで教育愛が成立しない理由は、人格はそこでは二次的な意味しかもち得ぬといふことになる。ところが教育の対象は本来人間である。それは人格を第一の対象とする。然るにエロスに於ては人格は第二の対象であり、価値が第一である。こゝに根本の喰違ひがある。教育の愛の成立する立場は個々の人間が完全に認められる。個体が個体として認められる立場でなくてはならない。…人格はアガペの愛によって初めてその成立の場所を得るのである。…

教育の愛がアガペの展開として成立するには師弟の関係に於てこの敬と愛の契機がどう働くか、そこに教育愛の構造が明らかにされてくるのでなくてはならない。…

先づ教育の愛は、師の立場に於ては敬は権威として現れて来る。生徒の方から見て師には権威がなくてはならない。権威のないところに師の立場は成立しない。そして権威に對しての生徒の心は心服或は敬服となる。権威と敬服との聯関として敬の契機が教育愛に於て現れて来る。…

教育の愛の第二は先生の側に於ては慈愛として成立する。慈愛とは恵み深い愛であって、之はなによりもまず先生の方から手を拡げて抱き取ろうとする動きによって現れる。この慈愛と信頼で師弟の関係は動的に一つになる。慈愛と信頼はかくして教育愛に於ける愛の契機の聯関である。…教育愛はエロスの軸をどこ迄も内に含んでゐなくてはならない。エロスを止揚的にふくんだ高次元のアガペにして初めて真の教育愛となり得る。…

教育とは、文化をその根底から育てる仕事である。そこにこの仕事は人目にたゝないじみなものであることを本質とする。教育にたづさはって行く者は無名のせんしであることに無限の誇りと満足とをもつ者でなくてはならない。実にこの無名戦士にあまんずるか否かによって真の先生か否かがきまるのである。名もなき戦士であることに満腔の満足がつながれるのでなくては、真の教育は出来ない。…人として絶え難く、節操が曇らされ易く、誘惑もされ易い。多くの優れた無名の教育者は、この忍び難い慢性的な生活の不如意に耐へて、志も操も変へることなく子弟の教育に全身を投じて悔いなくしんでいったのである。…

教育の技術のみに生きる人があれば、それは真に師たる者の道から遠い。たとひ技術は拙くても、

真の愛をもつか、持たぬかによって真実の教育家となれるか否かが分かれるのである。真の重心は教育愛にある。…》

良寛さんと白樺教師の接点を追求する中で、その内面にエロスを超えたアガペの世界にたどり着いた思いがしますが。それは、明らかになればなるほどぼんやりと見えていた良寛さんや白樺教師の内面の世界が、現代の教師の問題に移って行くように感じています。

生前の赤羽王郎を知る中村一雄氏は『遍歴の出会い』(信濃教育会出版部)で、

「愛をもって働き、人間として成長する楽しみを求めた王郎は、本物の教師でした。なにものにもとらわれず、自分の道を歩いた王郎は、接する人びとを惹きつける魅力ある教師でした。…その魅力の根源は、王郎の人間愛と純一に生きた自由な個性ではなかったか。お互いに人生の出会いにおいて、自分が変革される経験をもっている。憧憬の衝撃をうけるのは、相手の個性のこころのかがやきと、体得している卓越した力である。その人間的魅力が人を教育する。」と語っております。

註

①唐木順三『唐木順三全集』八　ドストエフスキー論考　筑摩書房

②⑪『長野県教育史』四　教育課程編一　長野県教育史刊行会

③④⑥⑦⑧『南安曇教育会百年誌』倭における白樺教育　南安曇教育会

⑤今井信雄『「白樺」の周辺』信濃教育会出版部

⑨『信濃教育会教育研究所研究紀要』四

⑩『信濃教育会教育研究所研究紀要』三

長野県カリキュラム開発研究会研究誌『カリキュラム開発研究』第三集二〇〇三・八

インタビュー（第五詩集『風の沈黙』より）

夏休みの課題「祖父　インタビュー」
椅子に掛ける
顔は竹刀を構える少年剣士だ
夏休みの昼ちかく　約束の時間に
少年（中二生）が妹（小五）とやってくる

—教師になりたいと思った理由は？
旧制中学五年の夏　敗戦が中二の夏　まだ　社会生活が不安定　進路決定が迫る
三つのことが頭の中にあった
一つ父母の願い　母は教師経験がある　人間性の陶冶の期待
二つ家の経済状況　男四人の兄弟の進学展望
三つ社会への貢献　平和民主国家建設に果たす教師の役割—

—友達はどうだったの
級友は東京の大学希望が大部分かな　ぎりぎりになって地元の学校を選ぶ
一九四八年四月長野師範学校本科入学
（＊学生処分の粛学事件起こる　詩「ジレンマ」をつくる）
翌年　新学制により信州大学教育学部入学　一期生（＊自治会　山岳部　国語科研究会　ポエム研究会　に活動）
一九五三年卒業し教壇に立つ

—教師以外にやりたいと思ったことはないですか？
小学校高学年のころ　腕白坊主団の遊び場は放課後　休日が裾花川　旭山　そして飯綱山だ　夏の水中に追うハヤの手摑み取り　山頂に立ってあじわう天空の爽快感

学生になり山岳仲間ができ　北アルプスに夏を過ごす　上高地から登る　山小屋の老人と親しくなる　跡継ぎがいないので　どうかねと　本気に考える

風邪をこじらせて長野日赤へ　余命六ヶ月と言われる　再検診で一ヶ月足らずで退院　山登りの道具は整理され　山小屋主人の夢は消える　病院で今のお祖母さんに出会った

——教師をやってきて一番うれしかったことは？

九校の学校のお世話になる　それぞれにある　そのなかで四十八歳のころ　ある北信の中学校三年国語授業のことが思い出される　転任してすぐに一番荒れた三年A組の担任になる　E君はクラスに入れないさびしさを持っていた　淋しさを考え合う詩の授業を構築する

——何という詩？

室生犀星の「寂しき春」…しんにさびしいぞ…この寂しさを学友として感じあえる授業を願う

各自の追求方法で　感じたもの　理解したもの　想像したものを発表できるように苦労する　何度か詩「寂しき春」にかえる　室生犀星少年時代の「寂しさ」に出会うE君は　迷った末　音楽の先生の助言を得て自分の感じたものを楽曲で表そうと　既知の曲　未知の曲　迷う

各自の追求を発表する授業になる

K君は模造紙に描いた墨絵で「寂しさ」を説明する

Tさんは今までに読んだ母の詩で「寂しさ」を重ねる

E君はチャイコフスキー「バイオリン協奏曲」の一部で「寂しさ」を感じてもらおうとする

——それって国語の授業なんですか

国語科は言語を扱うけれど　ことばは沈黙の海に

浮かんでいる　直感や想像力が働いてイメージがつくられる　沈黙の海の言葉の豊かさにたどり着く少し難しいかな

―ことばは記号だけではないということかな　E君はどうなったの？

E君の発表は　級友に意外性の驚きをあたえた発表　発言の殆どなかった彼「寂しさ」を楽曲で表す彼が　対等の問答を出現させ　学友感情が教室にひろがる　認められたE君は　卒業まで級友の好きな詩を集めて印刷し配布する

この授業はE君を少し変えたかと思えてうれしかったな

―では教師をやってきて一番つらかったことは？

ある南信の中学校三年の進路指導で三人の不合格者のことを思い出す　息子は発表日の翌朝まで泣き通したと母親は話す

―進路決定は　自己責任ではないの？

そのころは　中通学区制で中学浪人を出さない原則があった　中学担任教師は　各教科テスト集計の段階付けた資料を用意し　生徒　保護者に進路決定をせまる　希望高校合格は　内申書よりも入試結果が優先していた　一発勝負にかける　番狂わせがおきる　三人の不合格は詰めの甘さではないか　自省する　本番に向かうひ弱さを見逃していたのか　共に泣く　親も　一年後の再挑戦を力強く決める　三人の顔は悲痛そのもの　昇降口で握手する　孤独な中学浪人生活を乗り切れるか　副担任に援助をお願いする

―転任したの？

転任が予定されていて心苦しい日々が続いた　そ

の中学校を離れて　一年後　三人は合格した　しかし　三人を直接指導できないことが　つらいことだったね

―まだ　ききたいけど　このへんで　有難うございました

　庭に出る　ひまわりの花が開く　白ユリの花が開く　夏の清冽さが流れる　メモをもとに　下書きして　夏休みには清書するという　一礼して帰っていく

　祖父の何を感じ取ったのだろう
退職して　一九九二年S教育研究機関の仕事を戴く　若木を大木に育てる仕事だ　硬い頭にみずみずしい力を蘇らせることだ　上田薫先生が意志に反して信州を去られた　この苦悩が再び詩の世界へのことは黙した
　今　少年と妹の後ろ姿に向かって　巨大な時代がおそいかかる
いかなる事においても　わが一筋の道を拓け　そのために心身の力を蓄えよ　と念ずる

解説

花嶋堯春
佐相憲一
鈴木比佐雄

揺るぎない詩魂の大きさ、力強さ
――地下のマグマが噴き出すごとく――

花嶋　堯春

「牛に引かれて善光寺参り」「一生に一度は善光寺」。互いに誘い合いながら、老若男女年間六百万人もが訪れる。ＪＲ長野駅から長野市の目抜き通りを抜けて約二キロ、善光寺さんの人気は高い。

どっしり構える国宝の本堂北側、住宅地にまで山裾を延ばして大峰山（八二八㍍）が、四季折々の装いを凝らしつつそびえている。吹きつける風雨から善光寺周辺の町並みを守る屏風のような存在だ。

かねがね私は、この山の中腹を散策するのが気に入っている。頂上まで登るとなると、それなりの気合いが必要だけれども、雑木林の間の小道を気ままにたどって折り返すだけでも、程よく楽しむことができるからだ。

いずれにせよ、とりあえずの目標を置くとするならば、謙信物見の岩だろうか。

尾根筋の一角が、見上げても頂きの見えないほど高く、切り立った崖になっている。長野県警山岳救助隊が、岩場での救出訓練に使う。あるいはロッククライマーが、アルプスなどでの本格的な岩登りに備える格好のトレーニング道場でもある。

もちろん並みの散歩族には、そんな真似ができるはずもない。ロープに命を預けて岩と格闘する勇姿を横目で見ながら、大きく迂回する道を一〇分前後、のんびり崖の上に立つことになる。

詩「物見の岩」の衝撃

青木善保の詩を語るにしては、いささか回り道に過ぎたかもしれない。しかし、彼の詩を味わうには、ただストレートに近づけばいいとも限らない。いろんな接近の仕方を素人なりに試み、その先になるほどなあ、と納得できるものを発見、共感する。そういう方法も、許していただければありがたい。

さて、その日も、物見の岩の広場に立った。前方に遮るものは何一つない。広々と左右に開けた空間いっぱいに善光寺平が広がっている。「わーぁ、すごい」「あれ！　善光寺の屋根だ」「そうだね、でっかいね」「向こうは県庁じゃないか」……。途中から追いついてきた若い一団が、互いに声を弾ませる。私も同じく見入っている。善光寺に通じる一直線の参道、両側に込み合う門前の家々、駅に近づくにつれて増える高層のビル群、遠く緩やかにくねる千曲川、そこに北アルプスから流れ入る犀川。二つの大河に挟まれて川中島の平野に、うっすらもやが懸かっている。これが、いつもの見慣れて飽きない眺望だ。

　ところが、である。青木善保第四詩集『風のふるさと』では、全く違った光景、あるいは想像力の結集で登場する。びっくり、というのが、読み始めた当初の正直な印象だった。訪れた日時は別々であっても、互いに二つの目に入る空間自体は、変わらないはずではないか。

物見の岩

上杉謙信物見の岩に
ずっとすわる
眼前の善光寺平は
深い秋霧が覆う

冒頭の四行までは、おそらく大方の人と大差のない行動であり、だれの目にも映る風景だろう。衝撃を受けたのは、「湧き出る霧は時を遡る」に続く、この一編の中心的くだりである。

松代大本営建設に働く朝鮮の人
長野空襲に逝った人
善光寺地震被災の人
雌雄を争う川中島合戦の武者
都を目指す木曽義仲の兵

　こうして流れる霧の向こうに、歴史を彩る人々の一団が、入れ代わり立ち代わり幻となって、眼下の善光寺平を次々通り過ぎて行く。さらに古代朝鮮半島から渡り、信濃の国造りにかかわったとされる日系百済人科野直。千曲川流域で朝鮮渡来文化を根付かせた伽耶国の貴人。実にさまざまな人たちが、歴史絵巻を繰り広げている。

戦国時代、甲斐の武田信玄と越後の上杉謙信が信濃の穀倉地帯、川中島の支配を争って激突した。その折、謙信が敵情を偵察したとされる物見の岩。有名な伝承だから想像できるとすれば、せいぜい「川中島合戦の武者」あたりにとどまる。

この人、青木善保にはもっともっとたくさん、普通の人に見えないものが見えているのだ。これが詩人の目なんだ。眼前の風物を透かし、はるかな過去へ遡って視覚がぐるぐる回転している。

そう気づけば、驚きはやがて感嘆へと移り、あらためて一編一編詩を読み直す。そして見えない深奥に眼光を注ぐことこそ、終始、青木叙情詩を貫く基本であることが理解できていった。

爆発的に五冊の詩集

青木氏と出会ったのは一九七〇年代、信州大学教育学部附属長野中学校の教諭をされている時だ。長野と松本に小中合わせて四校ある附属には、長野県全域から代表選手のように、将来を嘱望された教師が集まってくる。

当時、私は地元紙信濃毎日新聞の教育担当記者だった。毎春、高校入試が終わると、教科ごとに入試問題の狙いどころを中学校の先生に解説してもらい、要点をニュース面に掲載していた。その取材で国語科の脂の乗った青木先生を訪ねたのだった。

以来、交誼に預かりながらも、中学生の学習教材として詩を話題にしたことはあるにせよ、現役を退いて自ら詩作活動に携わっているとは思い及ばない。だから第一詩集『風の季節』を拝受した時はびっくりした。同時に、いま白状するならば、定年退職後の格好いい趣味くらいの軽い受け止めだった。

それから六年後、第二詩集『天上の風』である。並々ならぬ情熱、本気度が一段と膨らみを増し、グサッと胸に深く突き刺さってきた。趣味などという受け止めは、とんでもない。全身全霊人生をかけた詩魂が、あふれ出ていることを今度こそ思い知らされ、こちらの向き合う姿勢もまた、本気度を増した気がする。

天上の颪

銀河宇宙に浮かぶ
青い地球が泣く
異常な気象現象
ハイテク殺人兵器が
人間に襲いかかる
歴史は繰り返す
『二度と過ちはくりかえしません』
天上の誓いを破る

冒頭から一気に、核心を突く手法の冴えが際立っている。全宇宙的視野で地球をとらえる。地球的規模の視覚で国家や地域を把握する。そこに生じている事象を歴史的流れに位置づけた判断を試み、社会的問題意識で立ち向かってみせる。こうした詩作の新たな展開が、例えば「天上の大風」に、はっきりと姿を現している。いよいよ旺盛さの加わった詩作の基底として定まりつつあるかに映った。

これに限ったことではない。どの作品を読んでも多くの場合、人間青木善保の過去からの変身、脱皮、飛躍を感じさせる。第二の人生を現代詩に託す覚悟、気構えがひしひしと伝わってくる。たくましくもあり、同時に一抹の不安がよぎることでもあった。

無理もあるまい。青木善保といえば長野県の教育界では、功成り名遂げた存在だ。長野市教育委員会事務局の幹部を務めた。現役教師の最終段階では、県中学校長会長として最高に登り詰めたポストに就いている。そのまま退職後の第二の人生を歩めば、大物校長の誉れに浴しながら悠々自適の日常を大らかに享受できた。

ところが実際は、あえて苦しい世界へ敢然と踏み入った。若い世代、ことによれば、教え子もいただろう。過去の肩書きの類いを捨て去り、現代詩の初心者、新入りの立場に一身を投げ出している。

年譜によると、〈二〇〇一年　長野詩話会入会。長野詩人六号に投稿〉とある。この年、ちょうど七〇歳だ。文字通り七〇の手習いといってよい。よくぞよくぞ、心から、今もなお、頭が下がる。だれにでも出来ることではない。

おそらくここまで、抑えに抑えたエネルギーがたっぷり、たまっていたのではあるまいか。第二詩集から三年三カ月、第三詩集『風のレクイエム』を世に送り出す。さらに二年五カ月後、第四詩集『風のふるさと』である。そして二年七カ月後、『風の沈黙』と刊行を重ねてきた。

これほどの爆発力、エネルギーは、どこから出たのだろうか。五冊の詩集を生み出した青木善保の詩の故郷は、いずこにあったのだろうか。

年譜でもう一つ、注目しなくてはならない箇所がある。一九四八年、〈詩誌『新詩人』投稿、小出ふみ子先生の指導を受ける〉とあるところだ。まだ十代の後半、信州大学教育学部の前身、長野師範学校に入学した年に当たる。

なぜ、ここが重要と考えるか――。現代詩にとって（厳密には戦後詩というべきかもしれないが）『新詩人』が果たした役割は、幅広く多方面にわたり、この時期、詩とかかわった人の少なからずが、食糧難で空腹を抱えながらここを舞台に己を磨き、詩仲間との輪を広げているからだ。発刊元の長野市、長野県という限られた狭い地域の枠を飛び出し、全国的な広がりを伴っていた。

この辺の展開と意義については、長らく発表の場としてきた神奈川県相模原市在住の詩人、南川隆雄氏が二〇一一年に出版した『詩誌「新詩人」の軌跡と戦後現代詩』に詳しい。

それによれば『新詩人』は、終戦翌年の一月創刊号が出て、まずは作品を書いていても戦中の焼土、戦後の窮乏で発表の方途を失っていた有名詩人たちに、掲載の道を開いた。川路柳虹、三木露風、深尾須磨子、山室静、安西冬衛ら顔ぶれがすごい。

併せて新人の育成に力を注いでいる。それは取りも直さず、編集発行者小出ふみ子が折に触れて強調する方針だった。新生日本の将来を展望し、若い息吹なしに文化の再興は望めなかったのだ。

　青木青年がこうしたところとつながり、詩の大先輩や若い詩人の卵たちと夢を共にした体験は、感受性の鋭い年ごろだけに、のちのちまで影響しないはずはない。七〇代になって詩の創作にのめり込んだ原点は、一〇代のこの節目までさかのぼって見定める必要がある。

教育を主題に新しい詩の創造

　勝手に思い浮かぶまま綴ったところで急に、詩人青木善保をどこまで理解できているのか、不安と戸惑いが立ちふさがってきた。それでも踏ん張ってなお続けるのには、一つ訳がある。

　定期的でなく気の向くまま二、三カ月ごと余人を交えない二人だけの会食会を楽しんでいる。第一詩集の出る前後からだから、ざっと十五年を数えるだろうか。

　といっても、喧々諤々、議論百出の雰囲気とはおよそ懸け離れている。ぼそぼそと二言三言、これに対してまた二言三言、そんな繰り返しだ。それでも面と向かい合っての懇談は、以心伝心通じ合うものが多い。そこから生じる私なりの自負が、かすかながらもないではない。

　ころ合いを測って青木先生（いつもこう呼んでいる）が、新作のコピーを差し出してくる。「こんどの『樹氷』に出すつもりだけどね」。さっと目を通して私が言えることは「またまた頑張ったじゃないですか」程度のことだ。

『樹氷』は信州でいう東北信、上田市や長野市に同人の多い詩誌である。青木は詩作に取り組み始めてから十七年ほど経て加わった。既に独自のスタイルが出来上がっており、当初から全体四、五十ページほどの冊子の中で異彩を放っている。それが念頭にあっての「頑張って」だ。

　再び年譜に戻ると、一〇代で『新詩人』に投稿した翌年も手刷り詩集を作ったりし、その後に〈詩作を離れ、国語教育研究へ〉となっている。国語の教師への道に専心する決意だろう。

詩作と教育との二足のわらじは履かない――。そう決断し、詩作を断念した。詩に対する近年の打ち込み方を知るにつけ、決して詩を捨てたのではあるまい。心の奥底に、ふつふつとたぎる執着を持続していたに違いない。

断ち難い思いを抑え込んでの四十年余り、教師の職に邁進し、詩作に向けては雌伏の期間だったと理解するのが妥当だ。書くことを中断する代わりにエネルギーを蓄える。地下にうごめくマグマが深くマグマだまりに潜むように、詩魂が噴出する機会を待ち続けたのだ。

教師の榾火
――授業は煉獄――

上信越の黎明の峰嶺に黙想する
戦後六十余年
文化・民主国家目標に
六・三・三制教育がはじまる
国民的な覇気
昭和二十八年　初めて教壇に立つ
貧しいが　生命のぶつかりあう
授業は　天国のように明るい
しかし今　長生きを悔やむ　断崖に立つ

抑制力の働いた美しい最初の一行で詩の世界に引き込んでしまう。青木氏の住む善光寺周辺から眺める上信越の山々は、志賀高原や千曲川下流域の黒姫、妙高などだ。明け方には朝日を浴びて刻々、茜色に染まる。厳粛であり、かつ明るい希望、期待の象徴でもあり得る。

教育者青木は、自らの青春と重なる戦後の六・三・三制教育のあしたを信じられた時代を想起し、比べて六十余年後、近年の学校教育の危機的状況にがく然とせざるを得ない。「長生きを悔やむ」とまで何が言わしめたのだろうか。

ふだんの会話でこれほど絶望的な言葉を耳にした

覚えは一度もない。ぴんと背筋を伸ばし、穏やかな笑みを浮かべ、丁寧に和やかに誰とも分け隔てなく接している。

少なくとも外見上は、心身ともに壮健そのものの人が「長生きを悔やむ」とは、どうしたことか。理由は詩の続きで述べられているけれども、特に二つの点が重要だと考える。

一つは、後半部分に挟まった〈上田薫教育哲学は信州を後にする〉である。

長野県の先生たちは、伝統的に哲学を学ぶ気風になじんでいる。西田幾多郎、田辺元、務台理作、木村素衞といった主には京都学派につながる哲学者が敬われ、親しまれた。放課後の職員室が哲学書の輪読会に変わる学校も、珍しくはなかった。

一九八〇年代、こうした哲学者の系譜で信州教育に重きをなした一人が、西田の孫で名古屋大学、東京教育大学などを歴任した教育学者・哲学者の上田薫だ。詩「教師の梢火」で列挙された『人間形成の論理』『ずれによる創造』『絶対からの自由』は、いずれも上田の著作である。

徹底した子ども一人ひとりが中心の授業、問題解決学習を説く上田。その哲学、教育理論を学び、日々の教室、学校の実践に生かそうとする青木はじめ現場の教師たち。囲炉裏の火を囲むように和気あいあいと教育のあるべき姿を語り合い、理想の授業を目指す気風は、上田が信濃教育会教育研究所長を追われる形で信州を去り、下火になってしまう。

もう一つは、哲学の衰弱に符節を合わせるかのごとく、専ら組織優先・効率優先の教育行政が、末端の学校、個々の教室に浸透し、教師のやる気を損ねる風潮への絶望感だ。ここは「教師の梢火」の中の詩人自身の言葉で語ってもらうのがいいだろう。

時流に流され　苦言は胸に納め
時の政策にゆるがない　教師の矜持がみえない
花のある校舎の片隅の教室に
丹念に子どもの心を感じ取り
授業を構築する教師は　孤立し絶望する

集団で同じ事をする　安心感が充満し
致命的な怠慢・不注意が横行する　学校を怒る

青木氏が現役教師を退く際、先々決して、絶対に目にしたくなかったものこそ、このような学校現場の矜持の衰退、気概を欠く姿に相違あるまい。それを見てしまったからには、学校教育が人生そのものだっただけに「長生きを悔やむ」心境にもなる。

しかし、悔やみを悔やみのままにしておくことはしなかった。上田薫が信州を去るのと時を同じくして〈詩作再開〉と年譜にある。一九九二年、詩の世界に飛び込んだ。

詩作を通じて己の憤懣を広く社会的な尺度で測り直し、時代が乗り越えるべき公憤に昇華させる。それを詩の構造に組み立て、言葉のつぶてに変えて投げつける。この苦しい煩悶、手探りの道程を経ることで確かな方法論を掌中にし、作品があふれ出るに至ったのだと思う。

顧みれば、いつの間にか詩によって教育を語っている。詩の表現形式を生かし、教育の在りようを説いている。強いて現代詩のジャンルの項目を新たに仕立てたい。「教育詩」「人間形成詩」と称するに値する独自の境地を創り出した。第五詩集『風の沈黙』に見るならば「月うさぎ」「ウツになったもん勝ち」「欲動の行方」などが、典型的だろう。

情と理のせめぎあい・響き合い

恒例の二人だけの会食で、いつもの通り二言三言が交わされている時だった。

「叙情性がないと言われましてね。僕の詩は硬いっていうことなんですよ」

青木氏がぽつりとつぶやいた。笑みを浮かべながらのことでもあるし、確かに硬いことは硬いとの思いもあった。その日は「そうですか」と二言にも足りない返事で終わったように記憶する。

二〇一五年の暮れだったろうか。長野県詩人協会発行『長野県詩集　第48集』を頂いた。後に第五詩集『風の沈黙』に収められる「くりかえさせない」

が掲載されている。加えてエッセイ「果てないこだわり」が二ページ分を占めていた。

そこを読み、たちまちいつかの会話がよみがえった。良寛の漢詩の解釈を論じた後の一節だ。青木氏にとっての叙情性の問題を、私がいかに軽く考えていたか、痛感させられる。

「『抒情がない、思想・社会性が表出している、詩言語がない、体を通した表現を』等の作品批評を受けて、素直に受容できない反芻が続いている」

作品批評に納得できない正直な気持ちは、一方で詩における叙情性をどう考えるかの問題提起でもあるのではないだろうか。一般論に広げて踏み込む力量は持ち合わせないので、青木の詩に即し、本来ならあの折、丁寧に応えるのが筋だった感想を述べることにする。

青木氏は根っからの教育者だ。若き日の詩への志を封印し、子どもたちの人間形成に専門職として打ち込んだ。

子どもは未来の大人、子どもを考えることは将来の大人を考えること、つまり未来を考えることに直結する。未来を考えることは日本の行く末を凝視すること、確かな地球環境を次世代に引き継ごうとすることでもある。

それらもろもろを詩作のテーマに据えれば、時事問題、社会問題、平和問題、政治問題、国際問題と多岐にわたらざるを得ない。個別の作品に並ぶ用語も、いわゆる雅語風のものは入り込みにくい。それをもって叙情的でない、硬いと評するだけでは、表現の仕方の細部の域を出ない。詩で何が表現できるのか、最も肝心な本質論を置き去りにしてしまう。

詩をはじめ文芸の世界は、一編一編の作品がすべてを物語る。青木の詩にはいずれも、ひたむきで一途な信念、とことん突き詰める一心がこもっている。言葉の一つ一つを吟味し、選び抜いている。

そこに叙情が伴わないはずがない。私にはまさしく、時代と正面から格闘する叙情詩として違和感なく胸に届く。ひたすら願う。せっかく開拓した自分の詩の世界を一段と広く、豊かに構築してほしい。

解説『青木善保詩選集一四〇篇』

信州の風の詩人の心

佐相　憲一

風の詩人の詩世界をご案内しよう。

五冊の既刊詩集タイトルすべてに風の字を刻んだ信州の人、青木善保氏である。『風の季節』『天上の風』『風のレクイエム』『風のふるさと』『風の沈黙』。五冊に共通の銀色のケースを外すと、本体には品のある緑の全体に金色の文字が浮かんでいる。この五冊を手にすることができた人は多くないが、じわじわと長野県内の詩関係者を中心に、味わいをもって読まれ、記憶され、評価されてきたのであった。

その一方で、評論家としての顔も持ち、良寛の研究家として評論集『良寛さんのひとり遊び』を刊行している。仏教界の名僧としてだけでなく人間的にも文学的にも、現代にいたるまで愛され語り継がれてきた良寛（一七五八〜一八三一）氏への敬慕の念あふれる研究だ。青木氏は長野良寛会の初代会長や、良寛詩碑「再游善光寺」建立発起人代表、良寛詩歌鑑賞講座講師などを務めてきた。

彼の人格を形成しているさまざまな思いの本質には、自然の中で人を愛する心と社会的な批判精神があり、詩を読むと、この人はどういう経歴の方なのだろうと興味がわくだろう。特筆すべきは教育者としての活動である。戦後の激動の中を、こどもたちの心と向き合うことへの積極的な姿勢をもった学校教師として勤めあげてきただけではない。教育関係の研究機関で責任あるイニシアチブをとり、真の教育とはいかにあるべきか、いまも熱く語り合う生涯現役の筋金入りの教育専門家なのであった。信州大学教育学部を卒業後、長野県下の小学校、中学校、高校、教育研究所、短期大学、専門学校に勤務してきた。

また彼は妻や子、孫と仲良く人生を充実させてきた心優しい生活者であり、長女の病死の悲しみを乗り越えて、家族の幸福を思いながら平和を愛して生きてきた。穏やかな笑顔と温かい物腰、謙虚な言葉などの奥に、弱いものを虐げる巨大なものへの毅然とした姿勢、自然環境や社会環境を命の側に引き寄せようとする炎が燃えている。

詩を愛し、文化を愛し、信州を愛し、こどもを愛し、自然を愛し、人生を愛し、良寛を慕い、社会を思い、平和を志す人。一九三一年に生まれて今年八十六歳になる青木善保氏の青春は、いまも続いているのだ。

心の風が描いた作品の数々がこの詩選集にまとめられた。

その中から詩を一篇、全文引用しよう。第二詩集『天上の風』に収録された作品だ。

風と山人

風は天の頂より
大気圏をぬけて
高山の渓谷　尾根道を
いくつも超えて
山人に会いにくる

山人は
白雲のように
山なみ遠く宇宙の彼方を望んでいる
今日も口をつむる
時々　ハイマツの茶をすする

風は語る
神仏が去って久しいね
田園は荒廃し
山肌は痛々しい開発の爪あと
市場原理のわがまま顔

飽食と飢餓の両極
人倫は地に落ちる
ネオ・マルクスは出ないのかね
異常気象に気づくのが遅すぎたよ
いつまで地球は　人間を許しておくのかね

山人は　うなずいて　つぶやく
大気が　変わる
海が　変わる
山が　動く
人が　動く
風は　しずかに
天の頂へ帰っていく

この詩には、青木善保氏の感性と思想の特質がよく出ている。信濃の山野を想像させる風景の中で、風と山人の対話が新鮮だ。それは、自然界に耳を傾けることを忘れた現代人の心に、命の根源的な息吹を届けてくれる。伝統的な抒情のようでいて、風に託した人間社会への声は現実的な文明批評となっている。そんなことを風が言うはずがない、と反論するとすれば、この詩で作者が把握している声の本質からずれるだろう。なぜなら、わたしたちはいま、開発しすぎて病的な文明社会の実体験として、さまざまな自然からのしっぺ返しに苦しんでいるからである。思いあがった人類への、押し殺された自然からの逆襲は、失ってしまったものを嘆く現代人の祈りを呼んでいる。そうしたものを背景として、大自然の山の頂で風に吹かれて深呼吸をするならば、多感な人はこのようなものを感じるだろう。そして、心の中に、終連のような新たな予感と願いが生じるだろう。作者の思いが自然対話の中に無理なく表現されたこの作品は、青木氏の抒情の現代性と普遍性を物語っているようだ。

次に、第三詩集『風のレクイエム』に収録された詩「霧の中のいのち」を全文引用する。

霧の中のいのち

あなたは霧が好き
落葉松が萌える軽井沢の離山
ヤマユリの花を探して
熊におびやかされたね

離山の麓の赤い屋根の学校
賢治の童話のなかにいるようだ
霧があなたを包む
樹林も山野の花も
乳白色の世界

静まりかえり
個々のいのちは息をひそめて
しじまの奥底から伝えてくれる
微かな震動
かすかな言の葉を待っている

あなたは霧の中で
じっと動かない
私はあてもなく歩き続ける

大切な人を思い、存在を愛し尽くす、心の対話。静寂と淡い陰翳の中に、熱い思いがどこか寂しい回想と幻想のニュアンスを伝えている。〈あなたは霧の中で／じっと動かない〉、「霧の中のいのち」、つまり〈あなた〉はもう亡くなった存在だということがほのめかされている。それを明確に言わないのは、いまも作者の心の中で、彼女が生きているからだ。彼女とは、作者の長女。癌により四十八歳で亡くなった。その一年後、彼女に捧げられた詩集『風のレクイエム』後半には、死期をはさんだ長女の姿や言葉を刻んだ詩群が並ぶ。「悲嘆」「宣告の朝」「こんなに元気なのに」「大きな息」「旅立ち」「あなたはどこにいるの」「清雪と千鳥」「人智への不信」「冬の月」「はるかな道」「風の通い路」といった連作だ。それらの作品から伝わってくるのは、父の慟哭・無念である。そしてその中で、この象徴的な詩「霧の中のいのち」に出合うのだ。はかない命は〈霧の中〉のようである。生前、その霧を好んだという娘を、信州の森の中で、あるいは作者の幻想の中で、父はいまも見ているのだ。〈樹林も山野の花も／乳白色の世界〉で、〈ヤマユリの花を探〉す娘。そのいとおしい姿を目の前にして、〈かすかな言の葉を待っている〉。読者もまた、それぞれの出会いと別れなど連想し回想しながら、霧の中を〈あてもなく歩き続ける〉ことで、心の穴を尊い何かで埋めるのだ。じんわりと、かなしみと感謝と懐かしさと、愛が伝わってくる詩だ。この思いは、二年後に刊行された次の第四詩集『風のふるさと』冒頭と三篇目に収録された詩「クロアゲハ」「秋嶺の現」へと続く。そこでは、作者の妻であり、故人の母である人の見たものが表現され、すでに娘はクロアゲハとして、あるいは兎をつれて合掌する存在として、詩の中で生き続けている。

青木善保氏の詩世界には、日本史や世界史のさまざまな場面も出てくるし、宇宙や地球の自然科学の視野もあり、戦争や差別や経済状況、原発など社会的問題にも積極的に切り込んでいる。その全体に、自然界の風を感じさせるような巨視的な眼、人類共同体や生命共同体的な観点が感じられて、同時に、作者の尊敬する良寛に学んだ素朴な心、優しい心も全体を貫いている。また、民俗的な土着信仰的風土や求道的な匂いもする。こうして青木氏の詩世界は、理知的な要素と情緒的な要素のバランスの上に立っている。こどもたちと教育の場で時間を共にしてきた経験にもよるだろう。

ここで、教育現場に関する詩を一篇、全文引用しよう。最新の第五詩集『風の沈黙』に収録されている作品だ。

ウツになったもん勝ち

里山に近い　古い小学校で

ベテランのK先生は
親怪物の攻撃の罠にかかる
思いがけない親子の
担任不信に動揺する
同僚も上司も
三か月になっても救援はない
何も手につかない
自分がどうするかわからない
ついに　闇の世界に入る

人間の歴史は
ウツの必然を語っている
狩猟時代には
獲物を平等に分け合う
集団にはウツはなかった
農耕時代には
農産物の所有　権力の強大化
貧富の格差拡大　倫理の低下
人の心を傷つけあう生活に移り

ウツは発生した
人の脳には　記憶の海馬に
影響を与える扁桃体がある
扁桃体は恐怖嫌悪に強く反応し
海馬に情報を刻む
人は社会から閉ざされる

十余年経て元気を取り戻したK先生
授業づくりに集中していた
偶然　以前の親怪物に街中で出会う
再び闇の世界に引き込まれ
視野が暗く　気力を消失する
重苦しい体をゴロゴロさせ
夜は頭が冴えて眠れない
再び　学校を休んで数か月の暗闇
心身に任せる生活をするしかない
家族　医師　校長の親身な支えに
少しずつ自分を回復している
療養休明け　登校を前の葉書に

お話が心のお腹を
満たしてくれました
ウツになり辛かったが
回復してきて今想うことは
「ウツになったもん勝ち」
ということです
生き方が変わりそうです
授業が変わりそうです
自分に期待してしまいます　K

晩秋の闇に
閉塞を超える光がみえる
新たな地球観に向かっている

学校の先生も大変だ。いじめや引きこもりや学習障害など、こどもの側のさまざまな苦しみや困難、あるいは被害事件などが世の人びとの心を痛めているが、教師もまた、精神的な苦しみを生きている。我が子かわいさに、実態以上に教師や他の児童に責任を押しつけて怒鳴り込んでくるモンスター・ペアレント（親怪物）の現象が指摘されて久しいが、ここでは、誰が悪いという問題が詩のテーマになっているのではない。そうしたコミュニケーションの闇の時代、教育現場の不安が際立つ状況のもとで、ひとりのベテラン教師が陥った鬱病の心が描かれている。作者は直接この現場の当事者ではなく、おそらくこの先生とは、教育分野で出会った友好関係であろう。この教師を遠くから熱心に励まし、寄り添う関係のようだ。この教師は〈同僚も上司も／三か月になっても救援はない／何も手につかない／自分がどうするかわからない／ついに　闇の世界に入る〉といった鬱状況で苦しんだ。次の第二連が作者ならではの本領発揮であり、詩としても壮大な飛躍となっている。青木先生が語るのはドロドロと錯綜した人間関係の誰それへの批判ではなく、そもそもの人類社会の古い地層の研究なのであった。それによると、ウツになるのはヒトの必然だったとのこと。〈獲物を平等に分け合う〉〈狩猟時代〉の次にやってきた〈農耕時代〉の発展によって、人間の間に格差が生まれ、〈人の心を傷つけあう生活に移り／ウツは発生した〉ということだ。さらにはそれが集団的意識や無意識の中に刻まれていったであろう痕跡を語る青木先生。自信をなくして小さくなった教師のかなしみを受けとめて、共に人類史の傷を見渡すところまで旅をするのだ。何と味のある、スケールの大きな、いたわりの心をもった「友人」あるいは「知人」「先輩」だろう。孤立感と精神疾患の負い目に苦しむ人に、大丈夫なんだ、そのウツは人類のメジャーなんだ、あなたはそうした歴史に連なっているんだ、という言外の励ましだ。お説教の域には決して入らず、同じ人類の悩めるひとりとして、あとはその人の自然治癒にゆだねるような大らかなところが、読者のこちらも励ましてくれるようだ。第三連はまた飛躍して、十年後のこの教師の復帰と苦境の再発、その苦悩の後の、新たな状況の光と心の深化を伝えている。〈家族　医師　校長の親身な支えに／少しずつ自分を回復している〉とあるのは、身近な人びとから差し伸べられる手を先ほどの人類の観点から肯定的に信頼する微妙な変化が呼び込んだものかもしれない。そして、この教師から作者に届いた〈療養休明け　登校を前の葉書〉が引用されている。なるほど、詩のタイトル「ウツになったもん勝ち」とは、そういうことだったのかと、深い慈愛を感じさせてくれる。本物のユーモアは、本当にかなしい時のためにあるのかもしれない。人が人の心の支えになるというのはとても難しいし、ともすると一方的な押し付けになってしまうだろう。そのことの怖さを自らの教師体験でよく知っているからこその作者の態度だ。この詩には、こどもたちだけでなく、教師たちひとりひとりに寄せる、燃えるような、そして繊細な願いがよく出ている。青木善保氏の詩世界の重要な特長のひとつだろう。教育関係の体験から出てきた作品も、教育現場に限らず一般の人間関係や生き方に通じるものによって人の心に普遍的に響くのだ。作者が敬愛する良寛の影響も大きいだろう。そのような味わいの詩をもう一篇、全文引用しよう。これまでの詩集には収録されず、今回の詩選集の『詩集未収録詩篇』の章に収録された作品だ。

教室の花

白い花弁の
のびやかな重なり
花芯を守る
淡い紫が滲む牡丹
豪華に謙虚がしずむ

湧き出てくる
幾重もの厚み
純白のやわらかな
豊かな花弁
凛として光り輝く芍薬

立てば――
座れば――
歩く姿が――
大花のたましい精をいただく幸せ
生涯学び続ける佳人が
百合の花を
活ける日を
心待ちにしている

青木善保氏の詩世界をいくつかの側面からご案内してきたが、五冊の既刊詩集タイトルで共通の〈風〉につけられたそれぞれの言葉を、あらためて見てみよう。〈季節〉〈天上〉〈レクイエム〉〈ふるさと〉〈沈黙〉。風の季節を愛し、天上の風を感じ、風のレクイエムを聴き、風のふるさとを訪ね、風の沈黙に心を洗う。自然界に身を置いて、大きな思いを抱き、小さなものに心ふるわせる。人生の歩みも、人の関係性も、すべて葉と葉がふれあい揺れる風の音の中にあるのかもしれない。信州で生まれ育ち、暮らしてきた人の、さわやかな心性がうかがえる。

散文の章には、青木善保氏ならではの貴重な研究「良寛さんと信州白樺教師」が収録されている。これは先述の評論集『良寛さんのひとり遊び』には収録されておらず、長野県カリキュラム開発研究会研究誌に発表されたものである。良寛研究との関係で信州における大正時代の白樺派教師たちの教育実践を生き生きと紹介しながら、語り手である青木氏の人間教育への理想を重ねることで、今日的にも響いてくる切実さがある。教師とこどもたちとの実際のやりとりがふんだんに引用されていて、当時の教師の日記の文言などからも、時代の空気と新しく前進しようとする彼らの意欲が伝わってくる。わたしたちは悪夢のような戦争時代に目を奪われて、その前に確かにあった大正デモクラシーの光を忘れがちである。この論考に紹介されている当時の教師とこどもたちの様子は、いま読むと大変新鮮であり、現代の学校現場の閉塞状況を考えると、むしろこのころの方が進んでいたとも見えてしまうほどだ。日本に入ってきたばかりの古今東西の世界芸術や思想、さまざまな書物を、信州の白樺教師が熱意をもって自分たちの教え子の教育に活かしている。そしてそれが教師自らの青春の日々でもあったのだ。先生も生徒も地域の人びとも語り合い、学び合い、人生が輝くために、決して物質的には豊かではない中で、心を豊かにしていったのであろう。試行錯誤をしながら尊重し合い、人と人が本当に心ふれあい表現する教育実践、文化を大切にして夢を伸ばしていく姿勢、そうした全体をあらためて発掘して今日の人びとに伝える名論考だ。長野県教育界での青木氏のこうした発信は、ひろく全国各地でも有効なものを記しているだろう。この詩選集再録というかたちで世に伝えられる意義は大きい。

ここで、わたしと青木氏との関係にも少し触れておこう。以前、青木善保氏から「風」詩集シリーズが送られてきた時、わたしは深いご縁を感じた。風と森が大好き、という共通性ゆえの親しみだけではない。わたしは両親が離婚したので父方のルーツがこどもの頃わからず、青年になってから自分で役場の謄本を頼りに探ったことがある。その中で、父方の曽祖父の家系が明治時代に日本海側の新潟県直江津近くから信濃千曲川沿いの養蚕でも知られた宿場町へと移住したこと、そして曾祖父だけがさらに横浜まで流れてきてわたしの中の横浜人になったことが判明した。それで長野県を訪ねて足跡を追ったのだった。以来、信州は上越と共にわたしの遠い血の記憶を刻む大切な土地となっている。長野にある大島博光記念館という信州ゆかりの詩人の記念館に詩の世界でご縁があってわたしが講演させてもらった時に、その謎の曾祖父の話もしたのだが、なんと青木善保氏はわざわざ聴きにきてくださったのだった。また、今度は母方の祖父だが、横浜の大船近くで学校の校長先生をしていたので、燃える教育者・青木善保氏の様子に、亡き祖父の記憶が甦るのだ。わたし自身も大阪時代にまちの小さな塾の教室長をしており、学校で傷ついて登校できなくなったこどもや引きこもりかけているようなこどもも通ってきて、保護者と共に人間の心の対話をしていたから、スケールの大きい青木善保氏の教育の理想に共鳴するものである。もちろん、現代詩の分野でごいっしょしていること、互いの詩に共感しているということが大きな土台である。こうして深いご縁で知り合った青木善保氏のこれまでの詩業の集大成の場で、編集と解説を引き受けさせていただいていることに、不思議な心の充実を覚える。生の宇宙の森の中で、この詩人の詩世界をひろく人びとに伝えたい。

最後に、作者の詩想の原風景とも言える信州の風の詩を全文引用する。第一詩集『風の季節』に収録された作品だ。

軽井沢の風と水

浅間の山稜《さんりょう》を

風がかけ下り
溶岩原を吹き抜け
谷川を越え
とある縁先の
祖母の髪に触れ
校庭の児童の頬を過ぎ
落葉松の梢めがけて
かけ上る
四季を造り
軽井沢の心を創る風
透明な生命の源よ

浅間の嶺に降る天水
山容に潜《くぐ》り
土中深く流動し
白糸の滝となり
地表に流出し
山野を潤し
田畑に恵む
清冽な水!
軽井沢の心を
よびさます
悠久な生命の泉よ

人間の心と向き合う仕事をしてきた青木善保氏の原風景は、山野と森と川と大地と空、長野県の自然の中の風であろう。人類の歴史や日本文化の古層にも思いをはせながら、現代社会の諸問題への批評を発信しながら、たえず心の原点に風を感じているのだ。こどもにも大人にも、いまを生きる人びとと作者自身の命の声のつながりを響かせて、願いの風が表現されている。そして作者が生涯の仕事として探求する人間教育のあり方も、そうした地球環境の中での心の風の声を聴くことから日々新たに始まるのだろう。大切なものを届ける氏の詩世界が、こうしてまとまったかたちで詩選集となって刊行されることを心から喜びたい。

天空や世界の苦悩する場所から届く風の言葉

――青木善保詩選集一四〇篇に寄せて

鈴木　比佐雄

1

青木善保さんの詩篇を読んでいると、いつのまにか北アルプスの山々に連れていかれて天空から私たちの淀んでいる空気に新鮮な風を届けてくれる。と同時に世界の苦悩する場所から吹いてくる風が切実な言葉になってその思いを伝えてくれる。今回の詩選集には五冊の詩集『風の季節』、『天上の風』、『風のレクイエム』、『風のふるさと』、『風の沈黙』から代表的な詩篇が選ばれ、また散文「良寛さんと信州白樺教師」も収録されている。各詩集のタイトルに共通する「風」とはきっと青木さんにとって詩的精神を促す何かなのだろうし、私たちに伝えたい「風の心」なのだろう。

　私家版だった詩集を二〇〇一年に七〇歳で刊行した第一詩集『風の季節』の中に詩「後の祭り――現代の供犠《きょうぎ》礼――」という青木さんの詩論ともいえる詩がある。この詩は青木さんの詩篇の中でも、本格的な思索詩と言えるだろう。その一連から三連を引用してみる。

豁然《かつぜん》と祭りの狂気が迫る
　真の是　真の非　安《いずく》にか在る
人間　北より看れば　南と成ると

人間思考の中枢に巣食う
民族的なものが
文化的世界に悲劇を導く
思考は誘惑的であり
別世界を夢見させる
明るい思考の背負う
人間の濃い闇空間がある

理性は権力と共犯関係なり
否　理性や啓蒙こそ権力とは無縁のもの

反権力だ　と
理性は神話と闘いつつ
呪術の世界から次第に乖離《かいり》しようとする
しかし　理性は神話の呪術から
完全に自立できない
理性と情動は敵対していながら
相通じている
理性は破壊的衝動と結び合っている

青木さんは「祭りの狂気が迫る」という人間の群れる時の危機意識を直観してしまうのだ。その最も厄介なものが「民族的なもの」であり、それが「文化的世界に悲劇を導く」という。人間の「明るい思考」の背後には「闇空間」が存在することを指摘する。そして三連目で理性が「権力と共犯関係」なのか、そうではなくて「反権力」なのかと問いを発する。理性は「神話や呪術の世界」から脱出させるものではないのか。けれども「理性は神話の呪術から／完全にできない」と理性の弱みを明らかにする。そればかりか「理性は破壊の衝動と結び合っている」と理性の危うさを見てしまっているように思われるが、理性とは現実から試されているのであり、その相関関係の在り方を強く自覚しているからだろう。四連目・五連目を引用したい。

古代供犠の儀礼は
血と犠牲
自己欺瞞と権力の狡智を
包み込んでいる
神々から救われた自己は
他者を犠牲にする
贖《あがな》いによって生を得る
自己保存のために自我喪失する
冒険的合理的思考が
神々との和解を探る
――神々への贈与が
供犠の儀礼を媒介に
人と物の交換するギリシャ的策略を生む

敬虔な供犠は神々への贈与に変化し
個人の集団への呪術的投入と
呪術技法の組織的保存との間に
法や教えが熟成していく
現代に伝わる供犠的原理は
自己保存のために自我を犠牲にし
人間の内なる自然を否定する
人間の生の目的をも混乱させ曖昧にし
人間は自然的存在から離反する
現宇宙は全宇宙総重力質量の九割余
目にふれない暗黒物質が支えている
可視世界と不可視世界を結ぶ
不可思議なカオスが思考を招く

これらの詩行を読むと、青木さんが人類の生み出した権力と理性との相関関係の数千年にわたる歴史を詩で辿り、それを詩で思索しようと試みていることが分かる。「祭りの狂気」である「古代供犠の儀礼」が「血と犠牲」によって「権力の狡智」を生み出し、それを肯定した自己は「他者を犠牲にする／贖《あがな》いによって生を得る」。その結果として「自己保存のために自我喪失する」という。この「自我喪失」とは実は他者を犠牲とした「他我喪失」の結果に至るのだろう。「神々への贈与」を起源として「人と物の交換するギリシャ的策略を生む」ということは、経済活動の起源と本質の両方を指し示している。と同時に「ギリシャ的策略」とは貨幣と言う交換の神であるイデアを生み出した人類の理性の在り様を暴いているのかも知れない。また個人が集団になっていく際に「法や教えが熟成していく」近代の人類の制度の歴史の在り様を伝えている。その本質は「古代の供犠の儀礼」に内在する「祭りの狂気」を「闇空間」の中に閉じこめて行こうとする「理性の狡智」を明示しているかのようだ。しかしそれは本来的な「人間の内なる自然を否定」して、「人間の自然的な存在から離反する」道を歩んでいるのではないかと、強い懸念を青木さんは冷静な筆致で記している。この連の最後の四行に出てくる宇宙の質量の九割を支えている暗黒物質の存在を思うことで、「不思議なカオスが思考を招く」と、権力と理性の相関関係を「不思議なカオス」の観点から問い直そうとしているようだ。人間の「闇空間」は宇宙の「不思議なカオス」と通い合っていることを青木さんは直観しているのだろう。後半部分を引用する。

風は風として自らに吹いている
そこには木を動かそうとする意識は
少しも感じられない
それなのに木の葉は風にさからわないで
風に随って自らゆれている
吹く風は吹く風でありながら風でなく
木の葉は木の葉でなく
どこかで一つに連接している

祭りの興奮は供犠的世界を喚起し
律儀な供犠が神々を宗教的民族的な目的に
従属させようとする

自然や神を欺きなだめる理性は
社会的組織を維持する
暴力的行為　血の流れる合理性そのもの
人工システムの内部に
潜在的自然の破壊が進行する
人々は彌縫策《びほうさく》をも忘れて
祭りの供犠的陶酔に縋る

闇夜寂滅の後の祭り
紛れもない慟哭が流れ出て
鎮魂の調べを奏でている

「風は風として自らに吹いている」という風への認識は、「自然的存在」が本来的には世界と「風」によって波動し合って揺らいでいる存在であると告げている。「風」と「自然的存在」は互いが波動し合って一体化しているように感じられる世界を指している。しかしそのような世界は軽視されて見捨てられている。「祭りの興奮」や「律儀な供犠」が

「神々を宗教的民族的な目的に／従属させようとする」あまりに、人間の理性は「自然や神を欺きなだめる」役割を負わされる。「祭りの供犠的陶酔」の背後には、暴力行為によって多くの血が流れていることも隠されてしまう。「後の祭り」には「慟哭が流れ出て」、祭りに捧げられた人びとや生き物に寄せる「鎮魂の調べを奏でている」のだ。青木さんの提起している問いは簡単には答えなどはない問いだが、私はこのような問いを真正面から突き付けてくる詩を高く評価し、その問い掛けに私も応えて行きたいと願うのだ。

どうして青木さんは第一詩集からこのようなスケールの大きい叙事詩的な思想詩であり思索詩が書けたのだろうか。長年の中学校の教師生活から「祭りの供犠」的な学校行事や子供たちの教育に関わってきたことへの深い内省や、多くの歴史書、思想哲学書を読み、長年にわたり良寛の子供と接する生き方や文学・芸術精神から学んできた結果だろう。その後の「風」をめぐる詩集を読んでいきたい。

2

二〇〇七年に刊行した第二詩集『天上の風』の中に詩「風と山人」がある。この詩は地上の人間よりも「山人」の方に先に「風」は会いにくるという。

風と山人

風は天の頂より
大気圏をぬけて
高山の渓谷　尾根道を
いくつも超えて
山人に会いにくる

山人は
白雲のように
山なみ遠く宇宙の彼方を望んでいる
今日も口をつむる
時々　ハイマツの茶をすする

風は語る
神仏が去って久しいね
田園は荒廃し
山肌は痛々しい開発の爪あと
市場原理のわがまま顔
飽食と飢餓の両極
人倫は地に落ちる
ネオ・マルクスは出ないのかね
異常気象に気づくのが遅すぎたよ
いつまで地球は　人間を許しておくのかね

山人は　うなずいて　つぶやく
大気が　変わる
海が　変わる
山が　動く
人が　動く
風は　しずかに
天の頂へ帰っていく

私たちは本当の「風」に出会っているのだろうか、と青木さんは問うているようだ。「風」が「山人に会いにくる」ように都市で暮らす人びとは「風」と波動し合い、純粋に「風」と対話をしているのだろうか、と語りかけているようだ。「風」は宇宙を感じながら全身で受け止めなければならないのだ。「風」から地球を見れば緑や貴重な生物たちが破壊されつつあり、その荒廃は明らかだ。そして「風」は「いつまで地球は　人間を許しておくのかね」と誰かが呟くのを聞き取るのだ。それを聞いてしまった「山人は　うなずいて　つぶやく」のだ。その誰かは神であるのかそれとも人間に宿る理性なのだろうか。「大気が　変わる／海が　変わる／山が　動く／人が　動く」とは、大きな天変地異が起ることを予言していたかのようだ。実際にそれから四年後に東日本大震災・東電福島第一原発事故は起こってしまったのだ。

3

二〇一一年に刊行された第三詩集『風のレクイエム』には、詩「あなたはどこにいるの」などの前年の二〇一〇年に急死した長女裕子さんへの鎮魂歌が何篇か収録されている。その詩を引用する。

あなたはどこにいるの

風の如く去ったあなたは
地球をはるか見下ろしているのですか
天空で祖父母さんにあっているの
天の川のほとりで
お祖母ちゃんとあって
　ひろこちゃん　どうして
　こんなにはやく　きたの　よくきたね
従弟の雅志君と幼き頃の
話をしているのだろうか
あなたは　宇宙の心にだかれて
天空を回遊している
「風のように」（小田和正）が好きだった
あなたは自由自在　無礙の境地を
満喫しているでしょう

現生人類は三万年前
共存の道を捨て
征服の道に変えて
ネアンデルタール人類を
欧州アジアで絶滅させた
きっと　ネアンデルタール人の
おばあさんにあって
現生人類のゆがんだ優しさを
語り合っているだろうね

娘さんの魂が天上の風に吹かれて、従弟の雅志君や祖父母と語り合いことを青木さんは夢見る。さらに現生人類が絶滅させてしまったネアンデルタール人のお婆さんとも娘が語り合うことを想像する。残された者たちが生き続けるためには、天上にて愛するものたちが慈しみ会う「無礙の境地」を思い描くことに救われるのだろう。そこでは逆に「現生人類のゆがんだ優しさ」を死者たちは憂えて、その行く末を心配しているのではないかとさえ語っている。娘を亡くして胸が張り裂けそうな父の悲しみを、このような人類的な詩篇に昇華させていく青木さんの鎮魂の想いに私は深い感動を覚える。鎮魂とは天から降り注ぐ死者からの「風のレクイエム」を受け止め語り合うことなのであり、愛する者を亡くした者たちは「風のレクイエム」にいつも晒されていることにこの詩は気付かせてくれる。

4

二〇一三年に刊行された『風のふるさと』には詩「光のふるさと」がある。この詩は身近な太陽光を受け止めるささやかな感受性から出発するが、原発事故の母子の悲しみを引き寄せて、地球の宿命を語り出す壮大なテーマを抱えている詩だ。

光のふるさと

明日があるから
希望があるから　と
五感に遮蔽幕をおろす
荒ぶる光が幕にふりそそぐ
強力さに幕はじっと耐える
遮蔽幕の内側に
柔らかい温かみのある光が渦巻く
連帯の生まれる予感がある

子を連れて西へ西へと
　逃げてゆく愚かな母と
　　言うならば言え　俵万智
光の見えない放射線に
どこまで逃げれば安住できるのか
安全神話の製作者たちは
その責任さえ取ろうとしない

民族の分れ道を
逆算思考で簡単に決めている
民意による日本の春は訪れるのか

宇宙の荒海に地球はある
一万年前の正確な星図が
アフガニスタン北部でみつかっている
古代人は天体によって生活した
暦も　神話も　部族間の統合も…
現代　やがて地球を襲う
激しい太陽風
激しい銀河宇宙線
無防備の人類に光はどこにあるのだろう

「光の見えない放射線に／どこまで逃げれば安住できるのか」と東電福島第一原発事故で多くの母子たちは故郷を離れた。その被曝を避けたい想いは、何よりも切実なことだったし、今も避難は続いている。そんな母の一人であるだろう俵万智さんの短歌的な詩「子を連れて西へ西へと　逃げてゆく愚かな母と　言うならば言え」を引用したことは、この時代の最も悲劇的な証言として青木さんは記録したかったからだろう。「安全神話の製作者たちは／その責任さえ取ろうとしない」にもかかわらず不問に付されようとしているが、故郷を追われた母や子は、「福島」から来たという言い知れぬ差別を受け続けている。弱いものを徹底していじめて楽しむような心が親たちから子供たちに移って、福島の子供たちを陰湿にいじめてきた証言が少しずつ明らかになってきた。このようなことも原発を推進した者たちへの根本的な責任が問われないような日本人の権力を担った者たちへの批判の欠如が問題であると、青木さんは告げているのだろう。また将来の「地球を襲う／激しい太陽風／激しい銀河宇宙線」に対する地球の生きものたちへの行く末を青木さんは憂えて、「無防備の人類に光はどこにあるのだろう」とその「光」の行方を見続けようとしている。

5

二〇一六年に刊行した第五詩集『風の沈黙』には詩「秋の語らい」がある。この詩には福島から吹いてくる風を受け止めなければならないという切実な思いが溢れている。

秋の語らい

ヒマワリが　黙って去っていく
コスモスと仲良しになったのに
実の詰まったヒマワリは
縁側に干されている
コスモスは語りかけたい気持ちを抑え
福島の東風と向き合っている

正義を通さない岩がある
科学者は人間の顔をもて
『ラッセル・アインシュタイン宣言』　一九五五

『第一回パグウォッシュ科学者会議』　一九五七
全ての核兵器・戦争の廃絶を訴える
科学者による国際会議
アインシュタインの呼びかけは
ルーズベルト大統領に
原爆開発を進言した行為の反省・悔恨がある
『科学者京都会議』　一九六二
パグウォッシュ宣言の精神に共感者が集まる
国籍・イデオロギーの相違をこえ
「全体的破壊を避けるという目標は
他のあらゆる目標に優位しなければならぬ」
真剣な討議を行い意見一致に達する
科学の成果の誤用・悪用を防ぐ
核兵器による戦争抑止政策は戦争の廃絶に

逆行
核兵器実験禁止協定が早く結ばれること
かつて　近代科学が唯物論を信じ真偽の基準とし
人間の動物化が今日の破局を招く

絶対悪と科学の喜悦との連結がみえない
懺悔が出てくる基底がみえない
自己懺悔　自己告白　罪の自己意識がみえない

アキアカネがコスモスに語りかける
トンボの仲間が少なくなったね
見慣れない草花が増えたね
セシウム汚染で
キノコ採りができないよ
大津波で浮遊する霊魂はどう言うだろうね
二〇一五年秋　日本広島で
パグウォッシュ科学者会議がひらかれる
コスモスは　黙って
福島の東風と向き合っている

*『科学者の社会的責任についての覚書』唐木順三（一九八〇）

「コスモスは語りかけたい気持ちを抑え／福島の東風と向き合っている」と青木さんは、福島の原発事故の悲劇から決して目を背けてはいけないことを、しなやかに語りかけている。原爆と原発の原理と本質が同じであることを洞察し、アインシュタインの「原爆開発を進言した行為の反省・悔恨」から発した『第一回パグウォッシュ科学者会議』に触れていく。そして科学者たちの「自己懺悔　自己告白　罪の自己意識がみえない」のはなぜかと問うていく。「セシウム汚染で／キノコ採りができないよ」と福島の生きものたちを被曝させて恥じない者たちにも「罪の自己意識がみえない」と告げている。その意味で青木さんは「風は沈黙」しているかのようだが、「福島の東風と向き合っている」ことこそが、この時代を生きる者たちの大きな課題であると物語っている。紹介した以外にも青木さんは様々な沖縄、アイヌなどの少数民族、古代の歴史、教育問題、地球環境、故郷の山河などの幅広いテーマで詩作している。そんな青木さんの現代の叙事詩であり思想詩であり、人間の内面に多くの問いを語りかける思索詩であり「風の言葉」を多くの人に読んで欲しいと願っている。

略歴・年譜

青木　善保（あおき　よしやす）略歴年譜

一九三一年　長野県西郡筑摩郡木曽福島町（現木曽郡木曽町）に生まれる。父為明（元東筑摩郡中川手村明科出身、長野県職員。没六七・六・五）、母冨治子（元南安曇郡倭村出身、没九二・一〇・一五）の長男。（弟青木豊、町田滋、岡田啓治）。

一九四八年　長野師範学校入学。粛学事件（学内民主化運動左翼学生退学処分事件）。校友会誌に詩「ジレンマ」載る。詩誌『新詩人』投稿、小出ふみ子先生の指導を受ける。

一九四九年　信州大学教育学部入学。「ポエム研究会」藤本武重、鈴木哲慈等で、手刷り詩集を作る。学生会委員長（二期）。山岳部、国語教育研究会設立に努める。徳光久也教授の指導を受ける。「ヤマトタケルの研究」卒論。日本文学協会長野支部発足尽力。詩作を離れ、国語教育研究へ。

一九五三年　信州大学教育学部卒業。長野市吉田小学校（教諭五三・一一〜六一・三）校長・井出安雄先生の『哲学入門』（三木清）の指導を受ける。信濃教育会『小学国語』教科書編集委員（一五年間）。国語研究所長西尾実先生、神波利夫先生、青木千代吉先生等の指導を受ける。

一九六一年　望月侯子と結婚（三・二五）。長野市東部中学校（教諭六一・四〜六五・三）。学習意欲を高める授業研究。校長帯刀周一先生、北海道大学砂沢喜代治先生。鈴木秀一先生の指導を受ける。
一九六二年　長女・裕子誕生（一〇・一八）。
一九六五年　飯田市東中学校（教諭六五・四〜七〇・三）
学習指導構造研究、校長神波利夫先生、教頭菅沼良夫先生、名古屋大学広岡亮蔵先生の指導を受ける。
詩　真壁仁「峠」、大村はま先生の厳しい指導を受ける。
一九六五年　次女・史子誕生（一二・一二）。
一九七〇年　信州大学教育学部附属長野中学校（教諭七〇・四〜七五・三）
大学紛争（教育実習改善）の渦中、副校長清水常夫先生の指導を受ける。
一九七五年　豊野町豊野中学校（教諭七五・四〜七九・三）
詩　室生犀星「寂しき春」の授業、名古屋大学重松鷹泰先生の指導を受ける。豊野の心（学友感情）を育てる、校長山本昻先生の指導を受ける。
長野良寛会発足、事務局担当。小池与一先生の指導を受ける。
一九七九年　鬼無里村東小学校（教諭七九・四〜八一・三）
地域と一体、山の教育を実践、校長赤羽尞先生の指導を受ける。
一九八一年　信州大学教育学部附属松本中学校（教頭八一・四〜八三・三）
個の内に育つ学習指導研究、副校長・柳沢静明先生・清水幹男先生、上田薫先生の指導を受ける。
一九八三年　軽井沢町軽井沢東部小学校（校長八三・四〜八五・三）
軽井沢の心を育てる学校、各学年国語の地域教材作り。青木修二先生、西沢利一先生、ＰＴＡ会長上原脩司氏等の指導を受ける。

一九八五年　長野市教育委員会（教育次長八五・四〜八八・三）市教育大綱草案作り、京都大学片岡仁志先生、奥村秀雄教育長の指導を受ける。中二女生徒いじめ自殺事件担当。遺族と和解。

一九八八年　長野市柳町中学校（校長八八・四〜九一・三退職）柳中の心を育てる教育。「人間として大切なこと」京都大学教授上田閑照先生、父母と教師の会長滝沢功氏の指導を受ける。

一九九〇年　長野県中学校長会長。次女・史子、山邉和夫と結婚（三・二五）。

一九九一年　長野良寛会初代会長。善光寺境内に浄財によって良寛詩碑建立（九一・三）

長野女子高等学校（教諭九一・四〜九三・三退職）女子教育の実践、校長小林倭文先生の指導を受ける。

一九九二年　信濃教育会教育研究所（所員、主任九二・四〜〇〇・三退職）所長上田薫先生の指導を受ける（不本意退任）。詩作再開。研友会誌掲載。研究員論文審査員花嶋堯春先生（信濃毎日新聞論説主幹）の指導を受ける。

一九九九年　孫・正太郎誕生（九・二九）。

二〇〇〇年　長野県カリキュラム開発研究会発足（〇〇・一一代表）名古屋大学安彦忠彦先生の指導を受け、現在に至る。

二〇〇一年　長野詩話会入会。長野詩人六号に投稿（〇五・一退会）。

二〇〇二年　詩集『風の季節』（私家版丸山印刷）発行。

二〇〇三年　孫・美和誕生（五・一八）。
教育功労勲五等瑞宝章受章。
長野女子短期大学（教授〇三・四〜〇四・三退職）
女子専門教育の実践、学長小林士郎先生の指導を受ける。

二〇〇五年　「長野県教育の検討議題の提言」を新知事田中康夫氏に手渡す。
長野市成人学校文学鑑賞講座（講師。良寛漢詩和歌。〇九まで。以後文学鑑賞会として現在に至る）

二〇〇六年　長野県詩人協会入会。県詩集三九集から現在に至る。

二〇〇七年　詩集『天上の風』（私家版丸山印刷）発行。
長野看護専門学校非常勤講師（現在に至る）

二〇〇九年　詩誌「樹氷」入会。一六〇号から寄稿現在に至る。

二〇一〇年　長女・裕子急逝（一・二）。

二〇一一年　評論集『良寛さんのひとり遊び』（文芸社）発行。
詩集『風のレクイエム』（私家版丸山印刷）発行。
詩集『風のふるさと』（私家版丸山印刷）発行。

二〇一三年　日本現代詩人会入会、現在に至る。
長野県詩人協会現代詩セミナー講演「良寛さんの言葉への関心」（六・一六）
詩集『風のふるさと』を読む会。発起人村松勤氏・戸田貢氏、講師花嶋堯春氏（一〇・六）

二〇一四年　詩誌「潮流詩派」入会。二三七号から寄稿現在に至る。

「詩と思想」五月号「くりかえさせない」を寄稿。

アンソロジー『水・空気・食物三〇〇人詩集』『生きぬくための詩《うた》68人集』（コールサック社）参加。

『詩と思想・詩人集二〇一四』（土曜美術社出版販売）参加。

二〇一五年

『詩と思想・詩人集二〇一五』（土曜美術社出版販売）参加。

「詩と思想」五月号に「活断層を抱えて」を寄稿。

二〇一六年

詩集『風の沈黙』（私家版丸山印刷）発行。

「詩と思想」四月号に「胎動の予知」を寄稿。

詩集『風の沈黙』を読む会。発起人宮本愛子氏・村松勤氏・柄沢昌夫氏、講師若麻績敏隆氏・滝沢忠義氏・花嶋堯春氏（七・二六）

『詩と思想・詩人集二〇一六』（土曜美術社出版販売）参加。

『少年少女に希望を届ける詩集』・『非戦を貫く三〇〇人詩集』（コールサック社）参加。

古代文字研究家小谷幸雄氏（元眼科医）の指導を受ける。

二〇一七年

『青木善保詩選集一四〇篇』（コールサック社）発行。

『詩人のエッセイ集～大切なもの～』『日本国憲法の理念を語り継ぐ詩集』（コールサック社）参加。

所属　樹氷　潮流詩派　長野県詩人協会
日本現代詩人会

現住所　〒三八〇 - 〇八〇三
長野市三輪四 - 四 - 一二八

〈詩人のエッセイ〉

①山本衞エッセイ集『人が人らしく──人権一〇八話』 1,428 円
②淺山泰美エッセイ集『京都 銀月アパートの桜』 1,428 円
③下村和子エッセイ集『遊びへんろ』1,428 円
④山口賀代子エッセイ集『離湖《はなれこ》』1,428 円
⑤名古きよえエッセイ集『京都・お婆さんのいる風景』1,428 円
⑥淺山泰美エッセイ集『京都 桜の縁《えに》し』1,428 円
⑦中桐美和子エッセイ集『そして、愛』1,428 円
⑧門田照子エッセイ集『ローランサンの橋』1,500 円
⑨中村純エッセイ集『いのちの源流〜愛し続ける者たちへ〜』1,500 円
⑩奥主榮エッセイ集『在り続けるものへ向けて』1,500 円
⑪佐相憲一エッセイ集『バラードの時間ーこの世界には詩がある』1,500 円
⑫矢城道子エッセイ集『春に生まれたような』1,500 円
⑬堀田京子エッセイ集『旅は心のかけ橋─群馬・東京・台湾・独逸・米国の温もり』1,500 円

石炭袋

コールサック詩文庫 17『青木善保詩選集一四〇篇』

2017 年 2 月 22 日　初版発行
著　者　青木善保
編　集　佐相憲一
発行者　鈴木比佐雄
発行所　株式会社 コールサック社
〒 173-0004　東京都板橋区板橋 2-63-4-209
電話 03-5944-3258　FAX 03-5944-3238
suzuki@coal-sack.com　http://www.coal-sack.com
郵便振替　00180-4-741802
印刷管理　（株）コールサック社　製作部

＊装幀デザイン　奥川はるみ

落丁本・乱丁本はお取り替えいたします。
ISBN978-4-86435-284-0　C1092　￥1500E